MODULO DE DOCTRINA BASICA
MINISTERIOS RESTAURACION

Area de Doctrina

MINISTERIOS RESTAURACION
SAN FRANCISCO, CA

Mateo 28:19-20 Por tanto, id, y haced discípulos a todas las naciones, bautizándolos en el nombre del Padre, y del Hijo, y del Espíritu Santo; 20 enseñándoles que guarden todas las cosas que os he mandado; y he aquí yo estoy con vosotros todos los días, hasta el fin del mundo. Amén.

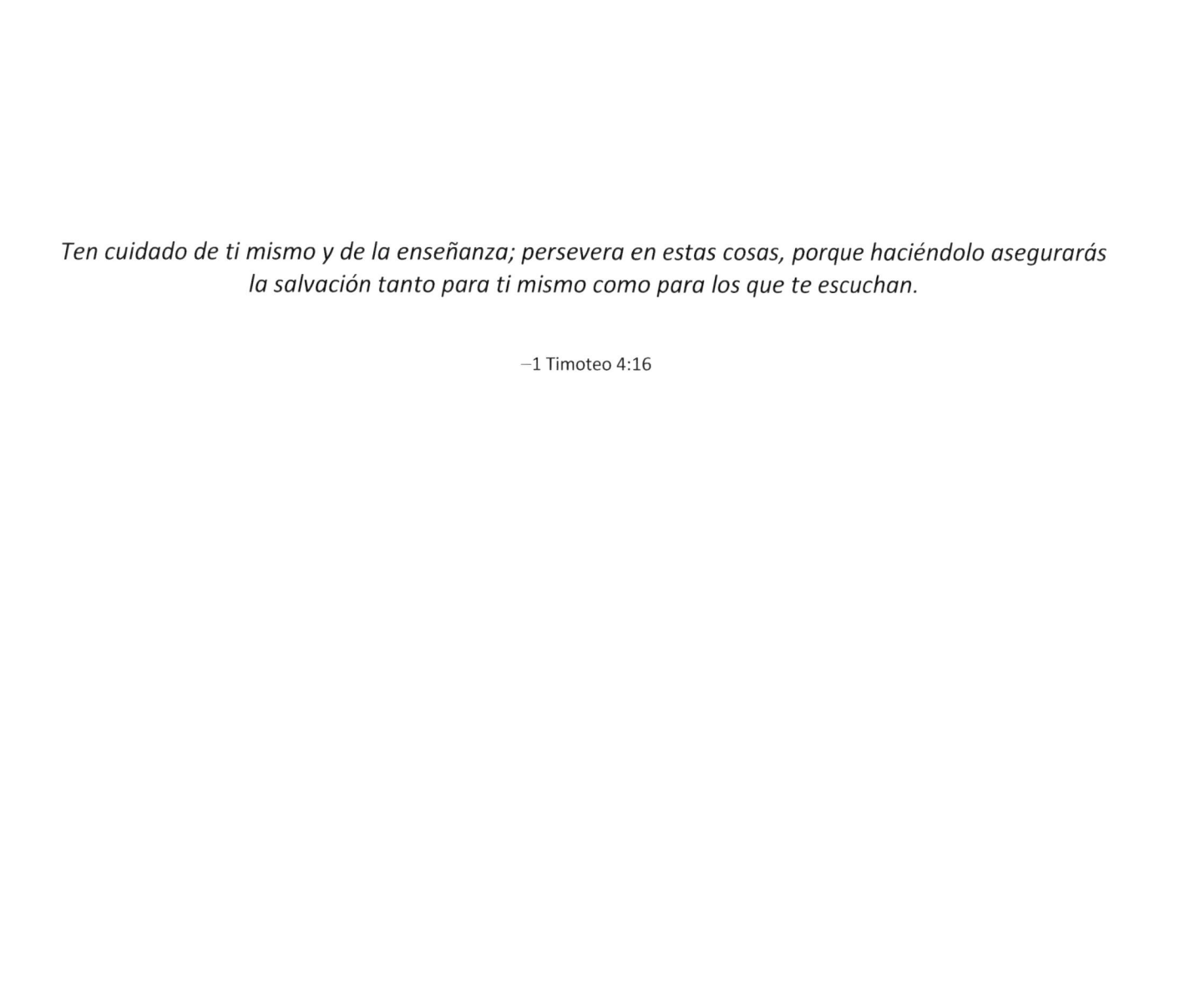

Ten cuidado de ti mismo y de la enseñanza; persevera en estas cosas, porque haciéndolo asegurarás la salvación tanto para ti mismo como para los que te escuchan.

—1 Timoteo 4:16

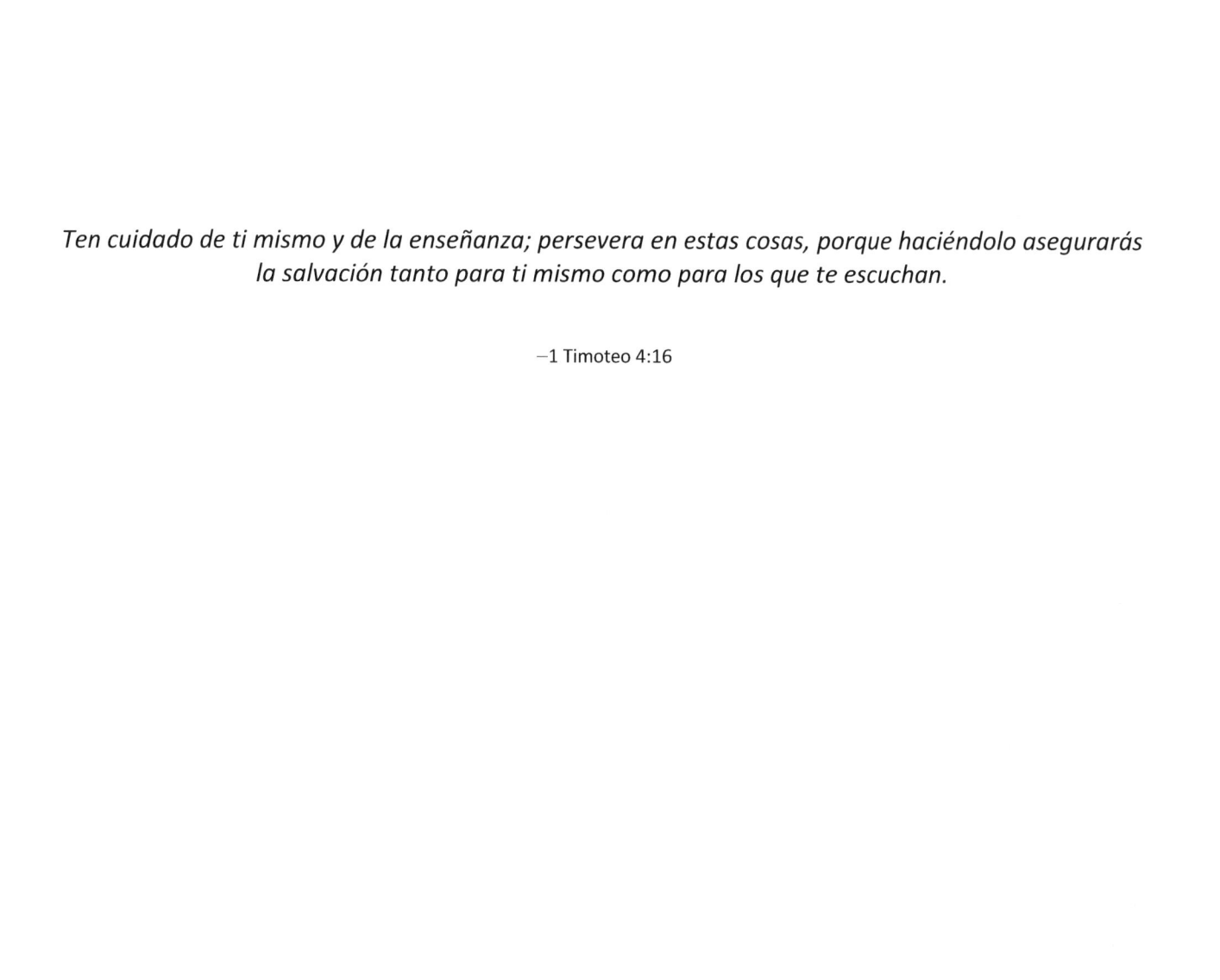

Ten cuidado de ti mismo y de la enseñanza; persevera en estas cosas, porque haciéndolo asegurarás la salvación tanto para ti mismo como para los que te escuchan.

—1 Timoteo 4:16

Contenido

- La Salvación 9
- El Bautismo 12
- La Santa Cena 15
- El Bautismo en el Espíritu Santo 18
- Las Facetas del Bautismo I 21
- Las Facetas del Bautismo II 24
- Los Beneficios de la Sangre 27
- La Cobertura 30
- Ejemplos de Coberturas 32
- Los Frutos del Espíritu Santo I 33
- Los Frutos del Espíritu Santo II 36
- Los Dones del Espíritu Santo I 40
- Los Dones del Espíritu Santo II 44

CAPITULO 1

La Salvación

Romanos 10:10 porque con el corazón se cree para justicia,
y con la boca se confiesa para salvación

INTRODUCCIÓN: Dios nos ha tratado con bondad, ya que a pesar de no ser un pueblo elegido, nos consideró dignos y nos presentó el plan de salvación. Esta salvación fue posible gracias a la misericordia de Dios y a un acto de fe, como es nuestra confesión. Romanos 10:10

La experiencia de cada persona es única cuando acepta a Jesucristo como Señor y Salvador. Algunas personas experimentan un deseo de llorar, otras una paz profunda, gozo inexplicable y otras manifestaciones. Pero hay quienes no sienten nada, ¿podría eso significar que aún no están salvos, o que el acto mismo de recibir a Cristo no trajo ningún beneficio? En absoluto, la obra redentora de Cristo no depende de los sentimientos (del alma), ni de las manifestaciones físicas, sino de las fieles promesas de Jesucristo.

DESARROLLO: El nuevo creyente, al momento de invitar a Jesucristo a entrar a su corazón y aceptarle como Señor y Salvador personal, debe estar seguro de que Cristo está realmente en su corazón. ¿En qué se fundamenta esta seguridad? Dos aspectos pueden establecerse.

1. **LA SALVACIÓN NO DEPENDE DEL CREYENTE**. ¿Por qué se dice esto?

a) No está determinado por lo que somos. En la Biblia se menciona que las naciones y las personas son como la hierba ante el Señor Isaías 40:7, y que el hombre es como el polvo, Sal. 103:14. En el Nuevo Testamento, el hombre es llamado pecador en el capítulo 3, versículo 23 de la carta a los Romanos. Si la salvación dependiera de nuestra naturaleza, ninguno sería salvo, pues todos somos pecadores y merecemos condenación eterna.

b) No está determinado por lo que poseemos. Dios es el Señor de todas las cosas, de Él proviene la tierra y todo lo que en ella existe, Salmos 24:1. En consecuencia, el hombre no posee nada para adquirir su salvación, por esto Jesús les dijo a sus discípulos que ¿De qué le serviría a un hombre ganar el mundo entero, si pierde su alma? ¿Qué podría ofrecer el hombre a cambio de la salvación de su alma? Nada, Mateo 16:26.

c) No está determinado por lo que sentimos. Los sentimientos humanos son muy cambiantes, ya que la naturaleza humana es voluble ante las circunstancias; por lo tanto, tiende a ser engañosa. Como se indica en Jeremías 17:9, «el corazón es más traicionero que todo y perverso; ¿quién podrá comprenderlo?» A menudo, el ser humano ni siquiera se comprende a sí mismo, por eso una salvación tan grande no depende de un sentimiento.

2. **LA SALVACIÓN ES UN REGALO DE DIOS.** ¿Por qué?

a) Su hijo, Jesucristo, realizó la obra perfecta de redención (salvación). La obra perfecta que hizo Jesús a favor del hombre fue ofrecerse a sí mismo como sacrificio por el pecado de la humanidad. Por esta razón, Juan el Bautista proclamó que "Jesús era el Cordero de Dios que quitaría el pecado del mundo". Juan 1:29. El sacrificio mencionado es único y eterno, de forma tal que ya no es necesario ofrecer otro para la salvación. Es magnífico saber que si el pecado nos alcanza, podemos usar la sangre de Jesucristo, que aún está fresca, para llegar ante Dios y pedirle que nos limpie de todo pecado con la sangre bendita de su hijo 1 Juan 2:1-2.

b) Dios por naturaleza es fiel. Aunque el hombre sea infiel, Dios siempre permanece fiel. 2 Timoteo 2:13. Es un alivio saber que Dios nunca cambia, y a todos los que creen en Él, les prometió vida eterna Juan 3:36. Más aún, el Señor juró en Hebreos 7:21 que esta promesa se cumpliría y la selló con un pacto, un mejor pacto, el pacto de la sangre de su Hijo. Él es poderoso para salvar eternamente a los que se acercan a Dios a través de Él Hebreos 7:25. Además, aseguró que nadie podía arrebatar de su mano a un creyente en Él, Juan 10:29.

c) El sello del Espíritu Santo. Dios ha otorgado al creyente una garantía anticipada de la salvación eterna, y quien provee de seguridad a esta promesa es El Espíritu Santo, Efesios 1:13-14. El Espíritu Santo también perfeccionará al creyente, hasta el día de Jesucristo, y lo presentará sin mancha, Judas 24.

3. **LOS BENEFICIOS DE LA SALVACIÓN:**

Se habla de los beneficios de la salvación en términos de lo que Dios pone a disposición del nuevo creyente para que lo acepte por medio de la fe. A continuación se presentan algunos de estos beneficios: "Conforme al propósito eterno que hizo en Cristo Jesús nuestro Señor, en quien tenemos SEGURIDAD Y ACCESO con confianza por medio de la fe en Él." (Ef. 3:11-12).

a) Paternidad: Juan 1:11-12. La Biblia es explícita al indicar que solo se puede ser hijo del Padre al recibir y creer en su Hijo Jesucristo. Dios adopta al creyente por el Espíritu Santo y nunca se olvidará de él Isaías 49:15. De la misma manera, en que un hijo puede desobedecer a su padre, un hijo de Dios también puede desobedecerlo, es decir, puede cometer pecado, por lo tanto, Dios lo disciplinará, Hebreos 12:6-8, con amor, para perfeccionarlo.

b) Vida eterna Juan 3:16. El objetivo de Dios es que todas las personas experimenten la vida eterna que Él ofrece. Debido al pecado, esta se ve interrumpida, por lo que ahora todo el que cree en Jesucristo puede experimentar la vida eterna y abundante que Cristo ofrece Juan 10:10.

c) Perdón de pecados Colosenses 2:13. La Biblia nos enseña que la muerte entró en el mundo a través del pecado de un hombre, pero también nos enseña que el perdón entró en el mundo a través de otro hombre, Jesucristo. De este modo, al reconocer su sacrificio expiatorio, su Sangre borra todos los pecados, independientemente de su magnitud o gravedad.

d) Una nueva creación 2 Corintios 5:17. Cuando se conoce al Hijo de Dios, se inicia un proceso de regeneración, el cual resalta el comienzo de una nueva vida en contraste con la antigua. Se trata de un proceso progresivo en el cual se establece que "las cosas viejas pasarán y todas serán hechas nuevas". En este proceso, el nuevo creyente va avanzando a medida que va entregando todas las áreas de su vida.

e) Ciudadano del reino de los cielos Filipenses 3:20.1 Pedro 2:9. El hecho de conocer a Jesucristo nos permite abandonar la ciudad del pecado, representada por Egipto, y adquirir una nueva ciudadanía. Cristo afirma que ha ido a preparar un lugar, "para que donde Yo estoy, vosotros también estéis", Juan 14:3, no un día, sino eternamente y para siempre.

f) Es integrado al cuerpo de Cristo. El nuevo creyente es incorporado al Cuerpo de Cristo 1 Corintios 12:12, que es la Iglesia. Ahora ya no está solo, tiene una identidad, los miembros de la iglesia son sus hermanos, su familia, por lo tanto, tampoco puede actuar solo, sino que deberá aprender a someterse a los miembros del cuerpo 1 Corintios 12:14-20.

g) Se le entregan regalos. El Espíritu Santo otorga los dones que Dios da a los creyentes para la edificación de su Iglesia (1 Corintios 14:12). Estos dones permiten al nuevo creyente prosperar y desenvolverse, brindándole la oportunidad de servir dentro de la Iglesia.

En Hebreos 2:3, la Palabra del Señor dice: ¿Cómo podremos escapar nosotros si desatendemos una salvación tan grande? La cual, una vez que fue anunciada por primera vez por el Señor, nos fue confirmada por aquellos que la escucharon. Basándonos en el versículo anterior, como hijos de Dios también tenemos responsabilidades, y una de ellas es proteger nuestra salvación. Teniendo en cuenta que esto no lo logramos por nuestras propias acciones, sino que es un resultado de la fidelidad de Dios a sus promesas y pactos, a través del sacrificio de Jesús en la cruz.

CAPITULO DOS

El Bautismo

Marcos 1:9-10 Por esos días llegó Jesús desde Nazaret de Galilea,
y fue bautizado por Juan en el Jordán.
En cuanto Jesús salió del agua, vio que los cielos se abrían
y que el Espíritu descendía sobre él como una paloma.

INTRODUCCIÓN: El Señor ha dejado dos mandamientos descritos en el Nuevo Testamento: El bautismo en agua y la Santa Cena. El bautismo en agua es el primer paso que debemos seguir inmediatamente después de aceptar a Cristo, para liberarnos de los derechos que el enemigo tiene sobre nosotros. Otra de las ventajas es que, al ser bautizados, el Señor destruye a nuestros adversarios. Como ocurrió cuando los ejércitos de Faraón persiguieron al pueblo de Israel, al pasar por el Mar Rojo, el Señor destruyó a los que perseguían al pueblo. Éxodo 14:23-31, que es una figura del bautismo en agua 1 Corintios 10:1-2.

DESARROLLO: La Biblia describe el caso de un hombre eunuco que iba de regreso de Jerusalén, leyendo las escrituras. Un ángel de Dios le habló a Felipe para que fuera al sur, donde se encontraba este varón etíope que no entendía lo que leía. Le anunció el evangelio y luego lo bautizó (Hechos 8:27-39). Esto quiere decir que la escritura bíblica nos ayuda a entender nuestra condición y, en este caso, recibir la bendición del bautismo en agua.

La forma adecuada de bautizar es sumergiendo completamente a la persona, ya que la palabra griega para bautismo es BAPTIZO; (Strong G907), que significa: dejar abrumado, completamente mojado; bautismo, bautizar, lavar. Se deriva de la palabra Baptista que es el proceso de sumersión e inmersión en agua (Strong G910). Debemos comprender el origen del término baptizo, el cual se utilizaba entre las personas que deseaban teñir una tela, lo cual quiere decir que cuando una persona es bautizada en agua es teñida, es decir, sumergida hasta tomar el color dé. Por esta razón, es vital que el cuerpo entero se sumerja y no solo una parte; por lo tanto, entendemos que el bautismo no es por aspersión, es decir, rociar agua solo sobre la cabeza y el cuerpo.

Otro de los puntos importantes es la edad para ser bautizado en agua. La Biblia revela que el Señor Jesucristo comenzó su ministerio público cuando tenía aproximadamente 30 años. Posteriormente, fue bautizado, según Lucas 3:23, Marcos 1:8-11. Según la Biblia, cuando Juan el Bautista bautizaba en el Río Jordán, después de que las personas confesaban sus pecados, eran bautizadas. Esto quiere decir que la edad para que alguien sea bautizado es cuando pueden reconocer y declarar que son pecadores. Por consiguiente, en el caso de un niño, se recomienda que un ministro (Pastor o Anciano bajo delegación) evalúe su madurez espiritual.

El bautismo en agua tiene diversos beneficios, a continuación se mencionan algunos de ellos:

1. **PERDÓN DE PECADOS** Hechos 2:38 LBLA. Y Pedro les dijo: Arrepentíos y sed bautizados cada uno de vosotros en el nombre de Jesucristo para perdón de vuestros pecados, y recibiréis el don del Espíritu Santo. Al arrepentirnos y bautizarnos, Dios nos perdona nuestros pecados y nos purifica. La palabra perdón proviene de la palabra griega APHESIS, que significa liberar, poner en libertad y soltar de la cárcel de pecado (Strong G859), indicando que el bautismo en agua nos libera del pecado y rompe ataduras.

2. **LIBERTAD DE LA ESCLAVITUD** 1 Corintios 10:2 LBLA, y en Moisés todos fueron bautizados en la nube y en el mar; cuando el pueblo de Israel cruzó el Mar Rojo fue bautizado en la nube y en el mar, pasando de ser esclavos a ser libres. La libertad se deriva del vocablo griego ELUTHERIA, que significa: tener la libertad de vivir de acuerdo a nuestros placeres (Strong G1657), por lo que el bautismo nos libra de vivir en pecado, idolatría, hechicería, la vana manera de vivir heredada de nuestros padres (1 P. 1:18), para obedecer a Cristo.

3. **DEBILITAMIENTO DEL HOMBRE VIEJO** (Ro. 6:1-3 LBLA) ¿Qué diremos, entonces? ¿Continuaremos en pecado para que la gracia abunde? ¡De ningún modo! Nosotros, que hemos muerto al pecado, ¿cómo viviremos aún en él? ¿O no sabéis que todos los que hemos sido bautizados en Cristo Jesús, hemos sido bautizados en su muerte? Hemos sido bautizados en la muerte de Jesucristo. En este pasaje, la palabra "muerte" se traduce del griego THANATOS, que significa la separación del alma del cuerpo, dejando el cuerpo sin funcionar y volviendo al polvo (Strong G2288). El bautismo reduce a la impotencia al viejo hombre (Mt 12:29), para que el nuevo hombre pueda crecer y hacerse fuerte. Cuando el cristiano no se bautiza, el hombre viejo y pecaminoso domina, llevándolo a cometer actos malvados.

4. **SEPULTADOS** (Ro. 6:4 LBLA) Por tanto, hemos sido sepultados con Él por medio del bautismo para muerte, a fin de que como Cristo resucitó de entre los muertos por la gloria del Padre, así también nosotros andemos en novedad de vida. Este pasaje nos enseña que todos deben morir para volver a la tierra de donde proceden, pero el Señor instituyó el bautismo para hacernos uno con Jesucristo en su muerte y resurrección. Sepultura viene del griego SUNTHAPTO que significa: sepultar con, juntamente (Strong G4916). Al sumergirnos en el agua, estamos enterrando nuestra antigua vida y dejamos atrás el pecado; y al salir del agua, resucitamos con Jesucristo, como una nueva persona.

5. **RESUCITAMOS PARA ANDAR EN NOVEDAD DE VIDA** (Ro. 6:4 SRV) Porque somos sepultados juntamente con él a muerte por el bautismo; para que como Cristo resucitó de los muertos por la gloria del Padre, así también nosotros andemos en novedad de vida. La palabra resucitar proviene de la raíz griega SUNEGEIRO, que significa "levantar junto con". Se refiere a la resurrección espiritual del creyente junto a Cristo (Romanos 6.4). De la misma forma, en que el Señor Jesucristo resucitó con un cuerpo espiritual, cuando somos levantados de las aguas del bautismo, resucitamos junto a Él y somos cambiados para caminar en una nueva vida.

6. **BUENA CONCIENCIA** (1 P. 3:21 RV60). El bautismo que simboliza esto ahora nos salva (no quitando las inmundicias de la carne, sino como la aspiración de una buena conciencia hacia Dios), por la resurrección de Jesucristo. Según el Diccionario Vine, regenerar es destacar el inicio de una nueva etapa en contraste con la anterior. La palabra conciencia se deriva del griego SUNEIDESIS, que significa uno conociendo con, el testimonio dado de la propia conducta por la conciencia (Strong G4893). En otras palabras, la conciencia es el proceso de pensamiento que distingue entre lo que se considera moralmente bueno o malo, alentando lo primero y evitando lo último (Diccionario Vine). Antes de aceptar a Cristo, nuestra conciencia estaba llena de pecado, de tal forma que aunque su función era acusarnos cuando cometíamos una falta, muchas veces no lo hacía. Sin embargo, al llegar a Cristo, recibimos una conciencia limpia, que nos permite discernir lo bueno de lo malo, y después, mediante el bautismo, recibimos una conciencia recta, 1 Corintios 2:12-15.

7. **CONVERTIRSE EN DISCÍPULOS** (Mt 28:19 RV60) Por tanto, id, y haced discípulos a todas las naciones, bautizándolos en el nombre del Padre, y del Hijo, y del Espíritu Santo. Jesucristo dijo que aquellos que creyeran en Él y fueran bautizados, serían constituidos como sus discípulos. En consecuencia, el ser bautizados nos habilita para llegar a ser discípulos, es decir, ser trasladados de la categoría de oyente, luego creyente y finalmente discípulo.

8. **PARTICIPAR EN LA RESURRECCIÓN** Romanos 6:3 RV60. ¿O no sabéis que todos los que hemos sido bautizados en Cristo Jesús, hemos sido bautizados en su muerte? (Ro. 6:5 RV60). Porque si fuimos plantados juntamente con él en la semejanza de su muerte, así también lo seremos en la de su resurrección. En este pasaje, la palabra resurrección proviene del griego ANASTASIS que significa: un levantamiento (Strong G386) Ana: arriba y JISTEMI: poner en pie; (Strong 450 y 2476), por lo que, mediante el bautismo en agua, tenemos derecho a participar de la resurrección.

Al bautizarnos, estamos demostrando obediencia y amor al Señor, ya que cumplimos una ordenanza que Él ha establecido. Es necesario que cada creyente lo haga, para que, al obedecer, pueda recibir todos los beneficios.

CAPITULO TRES

La Santa Cena

Lucas 22:19-20 Y habiendo tomado pan, después de haber dado gracias, lo partió, y les dio, diciendo: Esto es mi cuerpo que por vosotros es dado; haced esto en memoria de mí. De la misma manera tomó la copa después de haber cenado, diciendo: Esta copa es el nuevo pacto en mi sangre, que es derramada por vosotros

INTRODUCCIÓN: La Biblia nos muestra dos ordenanzas: El Bautismo en agua, y la Cena del Señor, Lucas. 22:19. La Cena del Señor, también denominada Santa Cena, fue establecida por el Señor Jesús. No obstante, en el Antiguo Testamento podemos ver una representación de ella en Génesis 14:18, cuando el Sacerdote Melquisedec ofrece pan y vino a Abram. De este modo, Melquisedec estaría ministrando la Santa Cena.

DESARROLLO:

1. **JESUCRISTO EL CORDERO DE DIOS**: Dios le prometió a Abraham que se proveería a sí mismo de un cordero, Génesis 22:8, cuando Jesús fue al profeta Juan el Bautista, este lo identificó como "el Cordero de Dios, que quita el pecado del mundo", Juan 1:29. Antes de ir a la cruz, el Señor Jesús se reunió con sus discípulos (Mateo 26:20), para celebrar la fiesta de la Pascua. Allí, incorporó el pan y el vino, estableciendo de esa forma un pacto nuevo, basado en su cuerpo y su sangre (Mateo 26:26-27). De esta forma, mostró los planes de bendición de Dios para su pueblo: la liberación de la esclavitud del pecado a través del sacrificio de su Hijo Jesucristo (1 Corintios 15:57).

2. **LA CENA DEL SEÑOR**:

a) Fue establecida por JESÚS: La noche en que fue traicionado, el Señor les dijo "hagan esto en memoria de mí", Lucas 22:19, mucho tiempo después le fue revelado al Apóstol Pablo, 1 Corintios 11:23-25. Dado que esta es una ordenanza que debe ser cumplida, Mateo 28:20, Juan 8:31, 1 Juan 3:22.

b) **Los elementos**: PAN Y EL VINO. Cuando muchos discípulos no comprendieron la enseñanza de comer del pan que descendió del cielo, se apartaron, Juan 6:60-66. Más tarde, el Apóstol Pablo invitó a discernir el cuerpo del Señor al tomar el pan y el vino, 1 Corintios 11:29. En esta acción participamos simbólicamente, no literalmente, de la carne y sangre del Señor, Juan 6:52-56.

• **El Pan**: Lucas 22:19. El Señor dijo que Él era el pan vivo que descendió del Cielo, según se relata en Lucas 6:51. En Juan 6, se menciona su carne, su cuerpo, que es una verdadera comida, del griego BROSIS: comida, alimento, Strong G1035. Al proclamar el Señor "este es mi cuerpo que por vosotros es partido», enseñó el simbolismo del acto, que se refiere a la consustanciación (realidad de Cristo en el acto, no en los elementos). El simbolismo de la comunión con los hermanos, que siendo muchos, formamos parte del cuerpo místico de Cristo que fue partido, 1 Corintios 12:12, y que para estar en Él, debemos amarnos los unos a los otros, es una llamada a la unidad. 1 Pedro 1:22, nos recuerda también que ya no somos huérfanos, sino hijos de Dios, Juan 14:18, 1 Juan 3:1, Hebreos 12:9.

- **El Vino**: Mateo 26:27-28. La sangre del griego HAIMA, Strong G129, representa la esencia de la vida, Levítico 17:11, y el Señor la presentó como la verdadera bebida (POSIS: bebida, representado en el jugo de las uvas o vino, Strong G4213), cuando dijo "esto es mi sangre", la cual es derramada para la vida. Significa la comunión con el Señor, ya que la sangre derramada representa el perdón de los pecados, Hebreos 9:22, y la paz del hombre para con Dios, 2 Corintios 5:19, por la cual tenemos entrada al Lugar Santísimo donde está el Señor en su trono de gracia, Hebreos 4:16.

3. **¿POR QUÉ DEBEMOS TOMAR LA SANTA CENA?**

a) **Recordar la muerte y resurrección del Señor**, 1 Corintios 11:24. Nuestra alma tiende a olvidar las bondades de Dios (Salmos 103:2), por lo que uno de los objetivos de la Cena es recordar el sacrificio del Señor en la cruz (Filipenses 2:8), para mantener viva la esperanza (Romanos 5:2), y estar apartados para Él (1 Juan 3:3).

b) Tener vida eterna en sí mismos, Juan 6:51-53. Al juzgarnos a nosotros mismos durante la Santa Cena, 1 Corintios 11:28, debemos dejar de lado lo que no es adecuado y ofende a Dios, para que Él nos purifique, 1 Juan 1:9. Al participar de la Santa Cena, estamos consumiendo a Cristo y su vida (Zoe) habita en nosotros, Juan 6:57.

c) La comunión con Dios conduce a buscar la limpieza del alma y, si se permanece firme, se tiene la vida de Él, Juan 6:56.

d) Fortalecerse, sanar y tener vida, 1 Corintios 11:30. No participar de la Santa Cena de la forma prescrita nos traerá consecuencias como debilidad, enfermedades espirituales y físicas que nos pueden llevar hasta la muerte. Al participar de la Cena de la forma que agrada al Señor, recibimos fortaleza, sanidad espiritual y física, y vida física adicional.

e) Tomar su Imagen: La sangre contiene la información genética, y esta es la razón por la que los hijos se parecen a los padres (Génesis 5:3). Al participar de la sangre, estamos introduciendo la genética divina en nuestra vida, para despojarnos del viejo hombre (Efesios 4:22) y así tomar la imagen del nuevo hombre (1 Corintios 15:48), hasta llegar a la estatura del varón perfecto, nuestro Señor Jesucristo (Efesios 4:13).

f) No ser juzgados con el mundo: Al aplicar el juicio personal, siendo guiados por el Espíritu Santo, somos reprendidos de pecado, Juan 16:8, lo que nos conduce al arrepentimiento y a estar en la voluntad de Dios, 2 Corintios 7:10.

4. **INSTRUCCIONES EN LA CENA DEL SEÑOR**:

a) En su memoria. No debemos acercarnos a su mesa como un rito, sino en memoria de su sacrificio (Mateo 15:8). En su honor, 1 Corintios 11:24-25, anunciando que a través de su muerte, él pagó la deuda del pecado: pasado, Efesios 2:1-2, presente, 1 Juan 2:1, y con la expectativa de "su venida". Esto es, lleva consigo el anuncio de Su resurrección y retorno, porque Él vive (Lucas 24:5), y produce gozo y alegría a los que han alcanzado el perdón de pecados (1 Corintios 15:14).

b) Discernir el cuerpo del Señor: Se trata de comprender que lo que se realiza no es solo una ceremonia física, Lucas 22:15, sino un acto con un intenso significado espiritual: es la sustancia del pan que representa el cuerpo de Cristo, Colosenses 1:18, al darnos cuenta de que en su cuerpo "Él llevó el castigo de nuestra paz, que fue herido por nuestras transgresiones y que por sus llagas fuimos curados", Isaías 53:5. También es amar al hermano como Él nos ama, Juan 15:12, de manera que no seamos culpables del cuerpo y de la sangre del Señor, 1 Corintios 11:29.

c) Participar dignamente: No se trata de ser perfectos para participar, Lucas 22:31-32, sino de buscar la perfección en Él, Mateo 26:75, es la oportunidad de evaluarnos a nosotros mismos y rendir cuentas a Dios, 1 Corintios 11:28, no guiados por el alma, porque esta tiende a auto justificarse, Lucas 12:19, sino por medio del Espíritu Santo, el cual nos guía a toda verdad, Juan 16:13. Participar de manera digna es reconocer nuestra condición de debilidad y solicitar ayuda para evitar ser juzgados por el mundo y no ser acusados por el diablo.

d) No por ritualismo: El no reconocer el cuerpo de Cristo en la Santa Cena implica ingerir y beber con juicio. Debemos reflexionar sobre nuestros actos y arrepentirnos de lo que sabemos que está mal, ya que estamos en presencia del Espíritu Santo, 1 Corintios 11:29-30.

e) En la comunión del Espíritu Santo: La cena fue preparada en un aposento alto, Lucas 22:12), figura de la búsqueda de la comunión con Dios, Éxodo 24:15-1).

f) Periodicidad 1 Corintios 11:25. La Biblia no establece un número mínimo o máximo de veces que se debe participar, pero sí señala que se debe hacer de forma regular.

La Cena del Señor es un banquete, una fiesta de liberación y bendición preparada para el pueblo de Dios; para reflexionar y buscar la comunión con Él, por lo que debemos participar solemnemente y a la vez contentos de que se nos haya dado la oportunidad de recibir tal bendición por medio del sacrificio del Señor.

CAPITULO 4

El Bautismo en el Espíritu Santo

Mateo 3:11 Yo a la verdad os bautizo en agua para arrepentimiento; pero el que viene tras mí, cuyo calzado yo no soy digno de llevar, es más poderoso que yo; él os bautizará en Espíritu Santo y fuego.

INTRODUCCIÓN: En el Antiguo Pacto, las leyes fueron grabadas en tablas de piedra por el dedo de Dios, que es el Espíritu Santo. Nadie pudo acatar la ley, porque aunque era buena, no otorgaba a los que la conocían, el poder para vivirla. En realidad, nadie pudo cumplir la ley, porque aquel que infringía uno solo de sus mandamientos, aunque hubiese cumplido todos los demás, se consideraba culpable de muerte. Por esa razón, el Señor anunció que establecería un mejor pacto, en el que las leyes ya no estarían escritas en piedras, sino que estarían grabadas en los corazones y en las mentes de su pueblo. Se trataba de un mejor acuerdo, porque de esta forma se otorgaría la capacidad de vivir la nueva ley, que sería la ley del Espíritu, y el Espíritu Santo nos ayudaría a cumplirla.

DESARROLLO: En el capítulo 28 de Isaías, el Señor critica la conducta de los gobernantes de Jerusalén y de sus sacerdotes y profetas, porque en lugar de llenarse del Espíritu, se embriagaban con vino, que causa disolución (Is 18:7-11).

El Señor, en cuanto al tiempo en el que estamos viviendo, anunció a través del profeta Isaías que le hablaría a su pueblo en una lengua extranjera y con lengua de tartamudos, y con esto anunciaba la venida del Espíritu Santo, Isaías 18:10. Lo que Isaías estaba consignando en el versículo precedente era el lenguaje que el Espíritu emplearía para comunicarse con su pueblo, como el hablar en lenguas que nosotros conocemos en la actualidad. A punto de ser crucificado, el Señor les dijo a sus discípulos que Él se iría, pero que enviaría al Espíritu Santo para que estuviera con ellos Juan 14:16-17.

Existe una duda entre la gente del Señor en cuanto a la llenura del Espíritu Santo y el bautismo con el Espíritu Santo. Algunos piensan que es lo mismo y afirman estar ya bautizados desde el momento en que creyeron en el Señor, aunque nunca hayan hablado en otras lenguas, pero veremos a la luz de la palabra que son dos cosas distintas. Comenzaremos analizando el ejemplo de Juan el Bautista, Lucas 1:13-15.

Juan el Bautista estaba lleno del Espíritu, así como su madre Elisabet y su padre Zacarías, pero ninguno de ellos fue bautizado con el Espíritu Santo. Esto se debe a que, en el Antiguo Testamento, el Espíritu Santo nunca había venido a habitar en ningún hombre, y tampoco había venido el que bautizaría con el Espíritu Santo. Por consiguiente, entendemos que ser llenos y ser bautizados por el Espíritu Santo son dos cosas diferentes, Mateo 3:14-11. La palabra LLENO procede del griego PLÉDSO (Strong G4130), que significa llenar, embeber, empapar. De acuerdo con el Diccionario, Swanson significa llenar completamente, llenar al tope.

La palabra nos habla de que el Espíritu Santo descendió como paloma y se POSÓ sobre JESÚS Juan 1:32-34. La palabra posarse viene del griego: MEMO (Strong G3306) que significa quedarse en un lugar, morar. Según el Dicc. Vine significa permanecer, quedar, vivir, retener. Existe una diferencia entre ser lleno y ser Bautizado por el Espíritu Santo.

EN EL BAUTISMO	EN LA LLENURA
El Espíritu Santo viene por primera vez a hacer morada en el creyente.	Solo desciende sobre, pero no entra, ni hace morada.
La evidencia es que habla en otras lenguas (Hch 2:4; 10:45-46; 19:6)	Si la persona no es bautizada, no habla en otras lenguas
Nos convertimos en templo del Espíritu Santo (1 Co. 3:16; 6:9)	Si ya se está bautizado, llena completamente y habla las lenguas, recibidas en el bautismo.
Somos sellados para el día de la redención (Ef. 4:30; 1:13-14)	

1. El Espíritu Santo es el otro consolador. Juan 14:16, Is 40:1-2: Tenemos la consolación del Hijo, quien pagó todas nuestras iniquidades y dejó la consolación del Espíritu. En la Biblia, el Espíritu Santo es comparado con diversos elementos como el agua y el aceite; y, de hecho, son esos dos elementos los que se utilizan para curar una herida. Lo primero que hay que hacer es lavar la herida para desinfectarla y, a continuación, aplicar una capa de aceite, ya que esto ayuda a suavizarla y a eliminar las costras sin que la herida sangre. Por esta razón, vemos que el buen samaritano untó aceite en las heridas del forastero y después puso vino, que actúa como un antiséptico y también es figura del gozo. Una de las principales tareas del Espíritu Santo es la de consolar, por esta razón es sumamente importante recibirlo inmediatamente después de creer y ser bautizado en agua. Al aceptar a Cristo, también aceptamos una vida llena de obstáculos, por lo cual necesitaremos el constante apoyo del Espíritu Santo.

2. ALGUNAS FUNCIONES DEL ESPÍRITU SANTO SON:
a) Nos enseñará todas las cosas Juan 14:26
b) Da testimonio de Cristo Juan 15:26
c) Guiará a los hijos maduros Romanos 8:14
d) Nos guiará a toda verdad y nos hará saber el Futuro Juan 16:13
e) Nos da testimonio de que somos hijos Romanos 8:16
f) Nos da poder para ser testigos Hechos 1:8

3. ¿PARA QUIÉNES ES EL BAUTISMO DEL ESPÍRITU SANTO? Es interesante que esta respuesta la encontramos en Hechos 1:8 en donde dice: Porque la promesa es para vosotros y para vuestros hijos y para todos los que están lejos, para tantos como el Señor nuestro Dios llame.

4. ¿CÓMO SE RECIBE?
a) Con la imposición de manos Hechos 19:6
b) Con la oración Hechos 8:14-15
c) Escuchando el mensaje con fe, Hechos 10:44, Gálatas 3:2
5. BENEFICIOS:
a) Nos capacita para hablar la palabra de Dios con valor Hechos 4:31
b) Nos da fortaleza, Hechos 9:31, Ef. 3:16
c) La llenura del Espíritu trae gozo a nuestra vida, Romanos 14:17, Hechos 9:31
d) Derrama el amor de Dios en nuestros corazones, Romanos 5:5
e) Nos hace morir a las obras de la carne, Romanos 8:13, Gálatas 5:16
f) Nos enseña a orar como conviene e intercede por nosotros Romanos 8:26
g) Nos da poder de señales y prodigios para testificar Romanos 15:19, 1 Corintios 2:4, Hebreos 2:4
h) Nos da los frutos del Espíritu Gálatas 5:22, Hebreos 13:15
i) Nos renueva el alma, Tito 3:5
j) Nos santifica 2 Tesalonicenses 2:13, 1 Pedro 1:2
k) Nos transformará el cuerpo, 2 Corintios 5:4-5, Romanos 8:11
l) Nos ayuda a permanecer en el Señor 1 Juan 3:24, 1 Juan 4:13
m) Nos prepara para boda, Apocalipsis 22:17

Después de ser bautizados con el Espíritu Santo, es nuestra responsabilidad mantener la llenura, de modo que podamos participar de todos los beneficios que se describen y alcanzar la perfección. Tengamos en cuenta que el Espíritu puede entristecerse (Ef. 4:30 BTA 2003), apagarse (1 Tesalonicenses 5:19) y, por último, alejarse (Jueces 16:20, Salmos 51:11). Por tanto, no podemos descuidar esta salvación tan grande como lo hizo el pueblo de Israel, sino que debemos cuidarla con temor y temblor.

CAPITULO 5

Las Facetas del Bautismo I

Hay un solo cuerpo y un solo Espíritu, así como también vosotros fuisteis llamados en una misma esperanza de vuestra vocación; un solo Señor, una sola fe, un solo bautismo, un solo Dios y Padre de todos, que está sobre todos, por todos y en todos" Efesios (4:4-6).

INTRODUCCIÓN: La Biblia nos enseña que hay un solo bautismo (Ef. 4:5), y también menciona la doctrina de los bautismos en Hebreos 6:2, lo que muestra que hay un solo bautismo con diferentes facetas. Además, uno de los significados del bautismo es sumergir repetidamente, lo cual indica que seremos bautizados de diversas formas. En cada faceta del bautismo, se realiza una obra de regeneración y limpieza en nuestra vida hasta que se forme la imagen de Cristo en nosotros (Ro. 8:29; 2 Co. 3:18).

DESARROLLO: La palabra "bautismo" se traduce del griego "baptizo", que significa sumergir repetidas veces, ser inmerso, purificar por inmersión o sumergirse, ser hecho limpio con agua y sumergirse uno mismo (Strong G907). Esto nos indica que el bautismo purifica a través de la sumersión en agua como un acto de obediencia. También se deriva de "bápto", que significa mojar o empapar, tomar el color de (Strong G911). Esta palabra era utilizada para el teñido de vestidos, sacar agua introduciendo una vasija en otra más grande, entre otros usos. Por otro lado, se deriva de "baptista", que es el proceso de sumersión e inmersión (Strong G910). Esto ejemplifica que ser bautizado es ser metido dentro de algo, ser bañado en algo y ser teñido del color de Cristo. En este estudio se verán las siguientes facetas del bautismo:

BAUTISMO EN ARREPENTIMIENTO (Mr. 1:4): Muchas personas tienen la idea de que arrepentirse es estar triste, lamentarse y llorar, pero la Biblia muestra que no es así. Dichos sentimientos pueden ser manifestaciones de arrepentimiento, pero la palabra arrepentimiento se deriva del griego "metanoia", que significa cambio de mente y cambio de parecer (Strong G3341). Esto indica que arrepentirse es cambiar de mente, de forma de pensar. Es cuando, por la ministración del Espíritu Santo, entendemos que hemos actuado mal, hemos pecado y que somos necesitados de Dios (Jn. 16:8). Algunas características del arrepentimiento son:

a) NOS AYUDA A RECONOCER NUESTRA CONDICIÓN PECAMINOSA (Mr. 1:4): Este es el primer bautismo que todos los creyentes experimentan al llegar al Señor, ya que nos muestra nuestra condición pecaminosa y perdida. Siendo nosotros sus enemigos, Dios envió a su hijo Jesús para que se entregara como Cordero por nuestros pecados (Lc. 3:3; 5:32; Hch. 13:24; 19:4; Mt. 3:11). Este bautismo también es necesario para el cristiano cuando el pecado lo ha alcanzado, ya que es un proceso constante. Los pasos son:

Arrepentirse (Hch. 3:19, 26:20): Cuando llegamos al Señor, hay cosas de las que debemos arrepentirnos, como actos de impureza, inmoralidad sexual, libertinaje (2 Co. 12:21), homicidios, hechicerías, robos (Ap. 9:21), malas obras (Ap. 16:9-11).

Convertirse (Hch. 3:19, 26:20): Después de arrepentirse, es necesario la conversión, es decir, cambiar de actitudes. Juan el Bautista confrontaba a los fariseos que se bautizaban y les indicaba que debían producir frutos dignos de arrepentimiento (Mt. 3:8).

b) SIN ARREPENTIMIENTO HAY CONDENACIÓN (Lc. 13:3,5): Es necesario tener en cuenta que no todos alcanzarán la salvación (2 Ts. 3:2), ya que, sin arrepentimiento, incluso si alguien es considerado "bueno", le espera la condenación eterna.

BAUTISMO EN AGUA (Mt. 28:19): Consiste en sumergirse completamente en agua, es una inmersión total y constituye una de las dos ordenanzas dadas por el Señor Jesús. Algunos beneficios del bautismo en agua son:

a) PERDÓN DE PECADOS (Hch.2:38): La Biblia enseña que a través del arrepentimiento y del bautismo en agua, Dios perdona nuestros pecados, es decir, nos purifica y nos limpia. La palabra "perdón" se traduce del griego "aphesis" y significa liberar, poner en libertad y soltar de la cárcel del pecado (Strong G859). Esto indica que en el bautismo hay libertad. La palabra "libertad" se traduce del griego "eleuthería" y significa ser libre para vivir conforme a nuestros deseos (Strong G1657). Esto da a entender que el bautismo nos libera de vivir esclavizados al pecado y a la idolatría.

b) SEPULTADOS Y RESUCITADOS CON CRISTO (Ro. 6:2-4; Col. 2:12): En Génesis 3:19, el Señor le dijo a Adán: "Con el sudor de tu frente comerás el pan hasta que vuelvas a la tierra, pues de ella fuiste tomado. Porque del polvo eres y al polvo volverás". Esta enseñanza nos muestra que Dios estableció que el hombre debe morir y regresar a la tierra. Sin embargo, para el cristiano, Dios ha instituido el bautismo como una forma de cumplir con esta realidad, ya que en el bautismo nos identificamos con el Señor en su muerte, siendo sustituidos por Él.

   a. Sepultura: La palabra griega utilizada es "sunthapto", que significa "sepultar con o juntamente" (Strong G4916). En sentido metafórico, se refiere a la identificación del creyente con Cristo en su sepultura (Diccionario Vine). Cuando somos sumergidos en las aguas del bautismo, somos sepultados juntamente con Jesucristo, simbolizando que hemos dejado atrás nuestra antigua vida de pecado.

   b. Resucitamos para andar en novedad de vida: La palabra griega utilizada es "sunegero", que significa "levantar juntamente con" (Strong G4891). Se refiere a la resurrección espiritual del creyente con Cristo (Ef. 2:6). Así como el Señor Jesucristo resucitó y su cuerpo fue transformado, cuando somos levantados del agua del bautismo, resucitamos juntamente con Él para vivir una nueva vida en obediencia a Dios.

   c. Buena conciencia (1 P. 3:21): Antes de venir a Cristo, nuestra conciencia estaba contaminada y llena de pecado, de tal manera que ya no nos reprochaba cuando pecábamos. Sin embargo, al entregar nuestra vida al Señor, obtenemos una conciencia renovada y en el bautismo recibimos una buena conciencia. Esto significa que nuestra conciencia se alinea con la voluntad de Dios y nos guía en el camino de la rectitud.

    d. Convertirse en discípulos (Mt. 28:19): Jesucristo enseñó que aquellos que creen en Él y son bautizados se convierten en sus discípulos. El bautismo nos capacita para ser discípulos de Cristo, lo que implica seguirle, aprender de Él y vivir conforme a sus enseñanzas.

    e. Participar de la resurrección (Ro. 6:5): En este pasaje, la palabra "resurrección" proviene del griego "anastasis", que significa "un levantamiento" (ana: arriba y histemi: poner en pie) (Strong G386). Así, todo aquel que se bautiza resucita espiritualmente y participa en la resurrección de Cristo. Sin embargo, aquellos que han tenido la oportunidad de ser bautizados pero no lo han hecho, pierden la oportunidad de participar en este aspecto espiritual.

BAUTISMO EN EL ESPÍRITU SANTO (Mt. 3:11): Es la inmersión o llenura del Espíritu Santo, que se manifiesta a través del don de hablar en otras lenguas. A veces, el bautismo en el Espíritu Santo ocurre después del bautismo en agua (Hch. 2:38), pero también puede ocurrir simultáneamente o incluso antes del bautismo en agua (Hch. 10:47-48). Es el propio Jesucristo quien lo concede (Mt. 3:11). Para recibirlo, debemos buscarlo con todo nuestro corazón y anhelarlo intensamente. Al experimentar este bautismo, recibimos los siguientes beneficios:

    a) Dones espirituales (1 Co. 12:4; Hch. 10:45; Heb. 2:4; 1 Co. 12:4,7-11): Los dones son regalos dados por gracia para la edificación del cuerpo de Cristo (Ro. 12:4-6). Al recibir el bautismo en el Espíritu Santo, somos capacitados con dones espirituales que nos permiten servir y edificar a la iglesia.

    b) Guía del Espíritu Santo (Jn. 16:13): El Espíritu Santo nos guía en nuestro caminar espiritual, conduciéndonos a toda verdad. Él no habla por su propia cuenta, sino que comunica lo que ha oído de Dios (Hch. 13:2). Su guía nos ayuda a tomar decisiones correctas y vivir de acuerdo con la voluntad de Dios.

    c) Enseñanza del Espíritu Santo (Jn. 14:26): El Espíritu Santo es nuestro maestro interior, dándonos instrucciones y revelando la verdad a nuestras mentes. Él nos guía en la comprensión de las Escrituras y nos capacita para entender y aplicar las enseñanzas de Dios en nuestra vida.

    d) Llenura del Espíritu Santo (Hch. 2:4): El Espíritu Santo nos llena con su presencia y poder. La Biblia nos exhorta a mantenernos llenos del Espíritu Santo continuamente, para no satisfacer los deseos de la carne (Gá. 5:16) y vivir una vida plena en comunión con Dios.

CAPITULO 6

Las Facetas del Bautismo II

Hay un solo cuerpo y un solo Espíritu, así como también vosotros fuisteis llamados en una misma esperanza de vuestra vocación; un solo Señor, una sola fe, un solo bautismo, un solo Dios y Padre de todos, que está sobre todos, por todos y en todos" Efesios (4:4-6).

INTRODUCCIÓN: En Hebreos 6:2, se nos exhorta a avanzar hacia la madurez, indicando que debemos conocer los rudimentos de la doctrina, y uno de esos rudimentos es la doctrina de los bautismos, que comprende siete facetas que todo cristiano debe conocer para un crecimiento firme y seguro, preparándolo para la restauración total. En el tema anterior se estudiaron cuatro facetas (Arrepentimiento, Agua, Espíritu Santo y Fuego), por lo que es necesario conocerlas en su totalidad.

DESARROLLO: Las facetas del bautismo constituyen un proceso en el cual Dios trata específicamente con cada cristiano para esculpir en él la imagen de Cristo y restaurarlo a su forma original. En este tema se desarrollan las tres facetas restantes: el bautismo en el Cuerpo, el bautismo en Cristo o en el Cordero y el bautismo en el Padre.

BAUTISMO EN EL CUERPO (1 Co. 12:13): La iglesia es el cuerpo místico del Señor Jesús (Col. 1:18). El bautismo en el Cuerpo se refiere a comprometerse e identificarse con la iglesia a la que asistimos, manteniendo unidad y armonía. En Pentecostés, todos estaban unánimes y en un mismo sentir (Hch. 2:1). Este bautismo puede manifestarse como consecuencia de tribulaciones, persecuciones, pobreza, etc., donde se piensa en el bien común y no solo en una solución personal (Hch. 2:44-46). Algunas características de aquellos que viven este bautismo son:

a) REALIZAN SU FUNCIÓN EN EL CUERPO DE CRISTO (1 Co. 12:14-20): Aquellos que han sido bautizados en el cuerpo comprenden que no solo ellos pueden hacerlo todo, sino que cada uno tiene funciones diferentes. No son sectaristas, ya que se estarían separando del cuerpo. Esto nos enseña que cada uno tiene una función y debemos aprovechar los dones que tienen los demás miembros del cuerpo.

b) NO PERJUDICAN AL CUERPO DE CRISTO (1 Co. 12:26): Cuando una persona vive esta faceta del bautismo, no es indiferente a lo que les sucede a los demás. Así como en lo físico, cuando nos lastimamos un dedo, todo el cuerpo siente dolor (Mt. 25:36).

c) RECONOCEN LOS CINCO MINISTERIOS (Ef. 4:1-12): Reconocen que los ministerios son las coyunturas del Cuerpo, mediante los cuales se mantiene unido. Estos ministerios son el único medio por el cual podemos crecer de acuerdo a la voluntad de Dios, ya que hay anti-ministerios que buscan la unidad, pero con el propósito de hacer lo que es contrario a la voluntad de Dios, como sucedió en la torre de Babel (Gn. 11:4).

d) NO PUEDEN DEJAR DE AMAR A SUS HERMANOS (Jn. 13:34-35): Una característica de este bautismo es que la persona no puede dejar de amar a sus hermanos. No se trata solo de una expresión verbal o momentánea, sino de un amor verdadero que permanece incluso en momentos difíciles (Pr. 17:17).

BAUTISMO EN CRISTO O EN EL CORDERO (Ef. 5:31-32): Significa nuestra inserción en Él (Ap. 3:12). Para experimentar este bautismo, es necesario haber participado de los anteriores, muriendo para el mundo (Gá. 5:24) y viviendo para Cristo (Gá. 2:20), amándolo y anhelando su venida secreta (Stg. 5:7). Conforme entregamos todas las áreas de nuestra vida al control del Espíritu Santo, Él restaurará nuestra alma (Jn. 14:26) a través de los ministros (Ef. 4:11-13; 1 P. 5:6).

Un paso necesario para que la imagen de Cristo sea tallada en nuestra vida es ser bautizados en la Palabra (Ef. 5:26), ya que ella nos hace verdaderamente libres (Jn. 8:32,36), produce la fe necesaria para obrar (Ro. 10:17) y para recibir lo que Dios tiene para nosotros (Gá. 3:2). Al sumergirnos en la Palabra, recibimos: amor por la verdad (Ef. 4:15), limpieza (Jn. 15:3), santificación (Ef. 5:26), fortaleza (1 Ts. 1:6), gozo y libertad (Jn. 8:32).

Los beneficios que obtenemos de esta faceta del bautismo son:

a) NO HAY CONDENACIÓN (Ro. 8:1).
b) PARTICIPACIÓN EN EL PRIMER TURNO DE RESURRECCIÓN, si morimos (1 Ts. 4:16-17).

BAUTISMO EN EL PADRE (1 Co. 15:28): Es la última faceta del bautismo, y consiste en que así como salimos de Dios y venimos a la tierra, llegará el momento en que regresaremos a Él de la misma manera. Este proceso comienza cuando somos bautizados en arrepentimiento y luego pasamos por cada una de las facetas hasta llegar al bautismo en el Cordero, es decir, el momento en que seamos unidos con el Señor Jesucristo (Ap. 3:12, 22:1-2), para que, así como Eva entró en el Paraíso dentro de Adán, nosotros entremos al cielo unidos a Cristo. Algunos aspectos importantes de este bautismo son:

a) El bautismo en el Padre se cumplirá después de que todos los enemigos del Señor sean vencidos, es decir, después del Juicio del Trono Blanco (1 Co. 15:26-28; Ap. 21:14).

b) No todos los cristianos serán bautizados en el Padre, solo aquellos que previamente hayan sido considerados dignos y llevados en la Parusía o hayan experimentado la ex-anastasis. La Biblia presenta figuras del bautismo en el Padre, algunas de ellas son:

• EL TABERNÁCULO (Ex. 40:17-38; Nm. 9:15-17): En el tabernáculo, los sacerdotes representan a todos aquellos cristianos que han sido bautizados en el Cordero. El tabernáculo representa a Jesucristo, quien es el tabernáculo de Dios (Jn. 1:14), y la nube representa al Padre, ya que Dios descendió de ella cuando se inauguró el tabernáculo y cuando se manifestaba sobre el Arca del Pacto (Lv. 16:2). Siempre que la nube se movía, el pueblo la seguía, lo cual es una figura de que después de este bautismo estaremos siempre con Él.

• EL MONTE DE LA TRANSFIGURACIÓN (Lc. 9:28-36): En el monte de la transfiguración, Moisés representa a los cristianos que murieron y que resucitarán y serán bautizados en el Cordero en la Parusía (1 Ts. 4:15-17), los discípulos representan a los cristianos que han pasado por todo el proceso del bautismo y finalmente han sido bautizados en el Cordero en la Parusía (1 Co. 15:52), Elías representa a aquellos que fueron llevados sin pasar por la muerte, como Enoc (Gn. 5:24) y Elías mismo (2 R. 2:11), y la nube que desciende y los envuelve representa al Padre. Esto nos enseña cómo Jesucristo es sumergido en Dios Padre y nosotros junto con Él, cumpliéndose el verso que indica que Dios será todo en todos (1 Co. 15:28).

• EL TEMPLO DE LA NUEVA JERUSALÉN (Ap. 21:22): Jesucristo prometió que a los vencedores los haría columnas en el Templo de su Dios y que nunca más saldrían de allí (Ap. 3:12). Esta promesa asegura que aquellos que completen el proceso del bautismo regresarán al Padre de donde salieron y nunca más saldrán de allí, porque vivirán eternamente con Él, cumpliéndose así la declaración "Y en la casa de Jehová moraré por largos días" (Sal. 23:6 LBLA).

Debemos pedirle al Señor que todas las facetas del bautismo se hagan realidad en nuestra vida. Nuestro anhelo es participar en la faceta del Bautismo en el Cordero, por lo que debemos ser bautizados en arrepentimiento, agua, Espíritu Santo, fuego y en el cuerpo. La faceta del bautismo en el Cordero nos abre la puerta para participar en el Bautismo en el Padre, es decir, regresar nuevamente al Dios Altísimo. Por eso vemos que el Arca del Pacto estaba compuesta por 3 objetos (Heb. 9:4): el maná, que representa a Jesucristo (Jn. 6:49-51); las Tablas de la ley, que representan al Padre, ya que Él las escribió y las entregó a Moisés (Ex. 31:18); y la vara de Aarón, que representa al Espíritu Santo. Estos objetos estaban colocados dentro del Arca del Pacto, que representa al Altísimo que envuelve todas las cosas.

CAPITULO 7

Los Beneficios de la Sangre

Porque si la sangre de los toros y de los machos cabríos, y las cenizas de la becerra rociadas a los inmundos, santifican para la purificación de la carne, ¿cuánto más la sangre de Cristo, el cual mediante el Espíritu eterno se ofreció a sí mismo sin mancha a Dios, limpiará vuestras conciencias de obras muertas para que sirváis al Dios vivo? Hebreos 9:13-14

INTRODUCCIÓN: El Antiguo Pacto establecía diversos tipos de sacrificios que requerían que el ofendante tuviera conciencia de que la muerte a causa del pecado estaba sobre él. Por lo tanto, debía ofrecer un sacrificio para obtener el perdón de Dios. La sangre del sacrificio era crucial ya que representaba la vida misma (Lv. 17:11).

DESARROLLO: Jesucristo, conocido como el "Cordero de Dios" que quita el pecado del mundo (Jn. 1:29), se presentó como el sacrificio perfecto. Su sangre, a diferencia del antiguo pacto, no solo cubre el pecado, sino que lo limpia completamente. Por lo tanto, el hombre perdido y sin esperanza puede ser salvo a través de la sangre derramada en la cruz del Calvario por el Cordero de Dios. La Biblia declara que los cristianos son elegidos por Dios Padre, santificados por el Espíritu y rociados con la sangre de Jesús (1 P. 1:2-3). Como resultado, podemos disfrutar de los siguientes beneficios:

PURIFICACIÓN: El cristiano debe conocer y experimentar los beneficios de la preciosa sangre de Cristo. Desde el momento en que recibimos a Jesucristo en nuestro corazón, su sangre comienza a actuar en nuestra nueva vida, purificándonos y presentándonos como personas limpias delante del Señor. La ley dada a través de Moisés establecía que todo pecado debía ser purificado con sangre mediante un sacrificio (Lv. 14:25). En el libro de Hebreos, se nos dice que casi todo es purificado con sangre según la ley de Moisés (Heb. 9:22). La palabra "purificado" se traduce del griego "katharizo", que significa limpiar y liberar de toda impureza (Strong G2511). Esto indica que la sangre de Cristo tiene el poder de limpiar cualquier tipo de pecado (2 Co. 5:17).

REDENCIÓN: La palabra "redención" se traduce del griego "lutroo", que significa liberar mediante el pago de un rescate (Strong G3084). La obra de Jesucristo redimió a los hombres de toda iniquidad (Tit. 2:14). Él nos rescató de la vana manera de vivir heredada de nuestros padres (1 P. 1:18), liberándonos de la esclavitud de las tradiciones. El único precio de rescate fue la preciosa sangre de Jesucristo.

REMOCIÓN DEL PECADO: El Nuevo Testamento enseña que la sangre de toros y machos cabríos no puede quitar los pecados (Heb. 10:4), pero la sangre de Cristo sí puede. Él realizó un solo sacrificio por los pecados de toda la humanidad (Heb. 10:12; 1 Jn. 2:2). La sangre de Cristo quita el pecado porque en Él no hay pecado (1

Jn. 3:5). La palabra "quitar" se traduce del griego "airo", que significa levantar, llevar, tomar arriba o afuera (Strong G142). Por lo tanto, Cristo tomó sobre sí nuestros pecados, liberando al creyente de su carga.

LIMPIEZA DE TODO PECADO (1 Jn. 1:7): Cuando se habla de limpiar, se refiere a la palabra griega "katharizo", que significa hacer limpio, limpiar de la contaminación del pecado y declarar limpio o puro (Strong G2511). Esto indica que la sangre de Cristo limpia al creyente de todo pecado, incluso de enfermedades, como en el caso del leproso que le dijo a Jesús que, si Él quería, podía limpiarlo (Mat. 8:2).

PURIFICACIÓN DE LA CONCIENCIA (Heb. 9:14): La sangre de Cristo limpia la conciencia de obras muertas, lo que permite al creyente servir a Dios. La conciencia, según el diccionario VINE, es "aquella facultad mediante la cual se llega a conocer la voluntad de Dios como lo que está dispuesto a gobernar la vida, incluyendo el sentido de culpa delante de Dios (Heb. 10:2)". La conciencia también es el proceso de pensamiento que distingue lo que se considera moralmente bueno o malo, aprobando lo bueno y condenando lo malo, impulsando así a hacer lo primero y evitar lo último.

TENEMOS PERMANENCIA EN EL HIJO (Jn. 6:56): El acto de la Cena del Señor proporciona una permanencia en el Hijo, ya que Cristo afirmó que aquel que coma su carne y beba de su sangre permanecerá en Él y Él en el creyente.

TENEMOS COMUNIÓN (1 Co. 10:16): "Comunión" se traduce del griego "koinonía", que significa tener en común, compañerismo, participación, compartir una relación reconocida y disfrutada (Strong G2842). Los creyentes tienen comunión con Cristo a través de la participación en la Cena del Señor.

NOS ACERCA A DIOS (Ef 2:13): La Biblia dice que en otro tiempo, los seres humanos estaban lejos de Dios y desobedientes (Ro. 11:30), pero a través de la sangre de Cristo, han sido acercados a Dios. La sangre de Cristo cambia el corazón y nos acerca a Dios.

TENEMOS ENTRADA AL LUGAR SANTÍSIMO (Heb. 10:19): El Lugar Santísimo era la sección del Tabernáculo construido por Moisés donde se encontraba el Arca del Pacto, que representaba la presencia de Dios. Ahora, a través de la sangre de Cristo, tenemos entrada al verdadero Lugar Santísimo para conocer más de cerca al Señor y deleitarnos en Él.

NOS SANTIFICA (Heb. 10:10): La sangre de Cristo santifica y regenera la vida del creyente. No debemos menospreciarla ni considerarla insignificante, ya que aquel que la menosprecie será castigado por Dios (Heb. 10:29).

NOS TRAE PAZ (Col. 1:20): El Señor trae paz a la vida del creyente a través de su sangre, con el propósito de reconciliarlo con el Padre y presentarlo santo, sin mancha e irreprensible (Col. 1:22).

NOS HACE APTOS (Heb. 13:20-21): "Apto" se traduce del griego "katartízo", que significa hacer apto, equipar y preparar (Strong G2675). La sangre de Cristo capacita al creyente para hacer la voluntad de Dios, removiendo o añadiendo aspectos en su vida que le permitirán crecer y ser edificado.

ES SEÑAL DE UN NUEVO PACTO (Heb. 8:8-13): Dios establece un nuevo pacto con mejores promesas que el anterior. Jesús es el mediador del nuevo pacto (Heb. 12:24), sellado con su sangre, que fue suficiente como sacrificio de una vez y para siempre. Por medio de este pacto, los creyentes participan y heredan todas las bendiciones que vienen a través de Él.

NOS DA VIDA (Jn. 6:53): Al participar de su carne y su sangre, recibimos vida. La palabra "vida" se traduce del griego "zoé", que significa vida como la tiene Dios, lo que el Padre tiene en sí mismo y que Él dio al Hijo encarnado, vida en sí mismo y que el Hijo manifestó en el mundo (Strong G2222). Esta vida eterna es la posesión presente y real del creyente debido a su relación con Cristo (Jn. 5:24; 1 Jn 3:14), y algún día se extenderá también a su cuerpo, garantizada por la resurrección de Cristo (2 Co. 5:4; 2 Ti. 1:10).

NOS LIBERA DE HERENCIAS ANCESTRALES NEGATIVAS (1 P. 1:18-19): Este pasaje indica que hemos sido redimidos de la vana manera de vivir heredada de nuestros padres, mediante la sangre de Cristo. El sacrificio de Jesús libera al creyente de las herencias de maldición familiar, ya que la genética de maldición en el creyente es transformada en la genética bendita del Hijo de Dios. La Sangre de Cristo rompe cualquier vínculo generacional de maldad, permitiéndonos vivir en una nueva vida.

Estos beneficios nos permiten comprender el gran amor de Dios por sus hijos (Jn. 3:16), ya que Cristo vino a reconciliar todas las cosas, tanto las que están en los cielos como las que están en la tierra (Ef. 3:10-11; Col. 1:20; Heb. 9:23-24). Debemos reconocer que la sangre de Cristo fue derramada una sola vez para la salvación y es rociada para purificación y perfeccionamiento hasta el día en que todo sea perfecto.

CAPITULO 8

La Cobertura

Le dijo: "Amigo, ¿cómo es que has entrado sin traje de bodas?" El hombre se quedó callado. Entonces el rey dijo a sus servidores: "Atenlo de pies y manos y échenlo a las tinieblas de fuera. Allí será el llorar y el rechinar de dientes". Sepan que muchos son llamados, pero pocos son elegidos." Mateo 22:9-14

INTRODUCCIÓN: Hablar de cobertura implica hablar de autoridad, de cubrir, proteger, sujetarse y vestirse adecuadamente para la boda con el Amado. Cuando nos referimos a autoridad, estamos haciendo referencia a los cinco ministerios primarios que Jesucristo delegó con el propósito de cubrir, vestir y proteger a la Iglesia (1 Co. 11:3). En el libro de Proverbios 31:21 (BTX2), vemos a la mujer virtuosa que se viste con ropas dobles, lo cual representa a la novia de Cristo que tiene cobertura pastoral y apostólica. Son los cinco ministerios primarios los encargados de cubrir y vestir a la novia (2 Co. 11:2).

DESARROLLO: En Mateo 22:11-13, la Biblia relata la parábola de un hombre que entra a una boda sin estar vestido con traje de boda, y es expulsado por los siervos (quienes saben quiénes están cubiertos). Para entender esta parábola, debemos conocer una antigua costumbre judía: en una boda, los novios y los invitados vestían ropas especiales distintas a las habituales. En la puerta (que representa a Cristo), los siervos (los ministros) estaban vestidos con trajes provistos por el novio para todos los invitados. Esto era un distintivo de aquellos que realmente habían sido invitados. Así como el hombre en la parábola es expulsado por no permitirse ser vestido, muchos también son excluidos de la fiesta porque no es en la entrada donde se piden cuentas, sino al final, cuando se enfrenta el castigo de la iniquidad para aquellos que no se dejaron vestir.

Ejemplos de cobertura:

BENEFICIOS DE ESTAR BAJO COBERTURA:

a) VIDA EN ABUNDANCIA: Al someternos y obedecer a nuestra cobertura (Gn. 27:15-16), vivimos sin temor a los tiempos y juicios que vienen sobre la tierra, porque contamos con una doble cobertura (Pr. 31:21).

b) GUÍA, PROTECCIÓN Y PREPARACIÓN: Dentro del plan de Dios, estamos bajo el cuidado de los ministros del Espíritu (Ef. 4:12).

c) UNCIÓN, GOZO, REVELACIÓN Y ALIMENTO ESPIRITUAL: No nos faltarán, ya que, a través de la cobertura, Dios provee estas bendiciones a su pueblo (Sal. 133:1-3; Ef. 1:17; Sal. 23:2).

d) DISCIPLINA Y CORRECCIÓN: Para mantenernos en el camino de la santidad (Sal. 23:4; 1 Co. 3:1-3; Ga. 3:1-3).

e) PREPARACIÓN PARA LA PARUSÍA: Al igual que Rebeca fue presentada a Isaac como una virgen pura por medio de Eleazar (Gn. 24:64-66; 2 Co. 11:2).

RESPONSABILIDADES AL ESTAR BAJO COBERTURA:

a) SUJECIÓN A LOS MINISTROS: Esto se hace por amor a Dios, a los ministros y a las delegaciones que ellos establecen para dirigir dentro del cuerpo de Cristo (Ancianos, Diáconos, Servidores, Hch. 6:3-4; Fil. 1:1; Ro. 13:1; Nm. 11:16-17).

b) DIEZMAR Y OFRENDAR PARA LA OBRA: Al igual que Abraham reconoció la autoridad de Melquisedec y le dio los diezmos de todo (Heb. 6:1-2; 4-5). Al hacerlo, recibiremos los beneficios de nuestra cobertura (Mal. 3:10-12; 1 Co. 9:7-11).

c) COMPROMISO DE SERVIR EN EL MINISTERIO: Trabajando con amor para el Señor de acuerdo con la visión que Dios ha dado al ministro (Hch. 6:1-3; 1 Ti. 3:1-6; 2 Ti. 2:20-21).

Los ministros que Dios ha dejado son como ciudades de refugio; son regalos que Él da a la Iglesia. Por eso, debemos ser agradecidos con Él y permanecer bajo la cobertura que nos ha proporcionado para obtener todos sus beneficios y estar preparados para el encuentro con nuestro Amado Jesucristo (2 Co. 11:2).

Ejemplos de Coberturas

En la Palabra de Dios encontramos estos ejemplos de personajes que reconocieron cobertura y recibieron sus beneficios.

Cita	Personaje	Significado de la cobertura	Beneficio
Gn. 3:21	Adán y Eva	Después que habían pecado, Dios los cubre con túnicas de pieles, como señal de reconciliación entre Él y los hombres por medio del cordero al que le quitaron las pieles.	Reconciliación
Zac. 3:3-5	Josué	Vemos al sumo sacerdote Josué (figura de nuestro Señor Jesucristo) con vestiduras viles o inmundas, pero luego lo visten de gala, esta vestidura es para nuestra justificación.	Justificación
Est. 2:12 y 17	Ester	Ester se viste y durante este tiempo no mira al rey en la etapa de preparación para casarse, en la cual ella tiene que sufrir y demostrar su fidelidad y consagración hasta el momento del llamamiento del Rey para la boda. Ester recibe la vestidura que le correspondía a Vasti y es elegida para casarse con el rey a causa de su fidelidad, pero vemos que se casa después de seis meses de estar en mirra (sufrimiento, prueba) y seis meses de perfumes (consagración, bonanza) representando lo que debe pasar a la novia antes de la parousia del Señor.	Purificación y Boda
Gn. 27:15-16	Jacob	A Jacob lo cubren con la piel del cabrito sobre su cerviz (voluntad) y sus manos (sus obras), pero también se dejó cubrir con el vestido de su hermano mayor y su padre Isaac lo bendijo.	Bendición
Lc. 15:22	Hijo pródigo	El hijo pródigo se sale de la cobertura y se va a la pocilga, pero al darse cuenta de su condición regresa, lo limpian (lo restauran en un proceso) y entonces le dan vestiduras para poder entrar a la fiesta, esto quiere decir que sin cobertura no se tiene fiesta.	Gozo de la fiesta
Ex. 28:41	Aarón	Moisés viste a Aarón para que ejerza el sacerdocio delante de Jehová, pero al final de sus días vemos que se las quitan en público por no confesar sus faltas.	Sacerdocio
Gn. 37:3	José	Jacob cubre a José con una túnica de colores, como preparación para luego de que sus hermanos lo vendieran, Dios lo utilizará para preservar la vida de su pueblo.	Preparación para la misión

CAPITULO 9

Los Frutos del Espíritu Santo I

Gálatas 5:22-23 Mas el fruto del Espíritu es amor, gozo, paz, paciencia, benignidad, bondad, fe, mansedumbre, dominio propio; contra tales cosas no hay ley.

INTRODUCCIÓN: En cierta ocasión, el Señor Jesucristo estaba enseñando a sus discípulos acerca de la importancia de cuidarse de los falsos profetas. Él enfatizó que se les conocería por sus frutos, ya que estos falsos profetas vendrían vestidos de ovejas, pero serían lobos rapaces en su interior (Mt. 7:15-16). Lo interesante es que el Señor relaciona los frutos con el interior, lo cual sugiere que los frutos son la manifestación del carácter interno del hombre. Además, cuando el Señor confrontó a los fariseos, les mostró la contradicción entre su apariencia exterior y su interior (Mt. 23:25-28).

DESARROLLO: La palabra "fruto" proviene del término griego "KARPOS" (Strong G2590), que significa fruto literal o figurativamente, resultado en beneficio, descendencia o fruto. El término griego en el que se basa es "JARPAZO", que curiosamente está relacionado con el arrebatamiento (1 Ts. 4:17), enseñándonos que aquellos que serán arrebatados son aquellos que dieron fruto, convirtiéndose en las primicias del Señor. El diccionario VINE lo define como: "El fruto es la expresión visible del poder que obra interna e invisiblemente, siendo el carácter del fruto evidencia del carácter del poder que lo produce". Ahora veamos cuáles son las evidencias visibles (frutos) de una vida llena del Espíritu Santo de Dios:

AMOR (G26 AGÁPEE): Es necesario cumplir el mandamiento de amar al Señor con todo nuestro ser (Lc. 10:27). Como hijos de Dios, podemos amar porque Él nos amó primero (1 Jn. 4:19). El fruto del amor (ÁGAPE) implica amar de la misma manera en que Dios ama a la humanidad. Es un amor que trasciende el entendimiento humano, que nos permite tratar a los demás como Dios los trata. No se trata del amor que sentimos por nuestra familia, cónyuge o hijos, sino de la capacidad de amar a aquellos que no son amables, de amar lo que no nos gusta. En Mateo 5:43-48 vemos la capacidad del fruto del amor (Ágape) que nos lleva a amar incluso a nuestros enemigos, demostrando así la naturaleza de Dios, quien hace que la lluvia caiga sobre justos e injustos. Ágape es el amor que va más allá de nuestra propia voluntad, amando como el mismo Señor ama.

GOZO (G5479 JÁRA): Proviene del griego "JÁRA", que significa gozo, deleite, regocijarse, placer, alegría, grandemente, lleno de gozo (Strong 5479), y del griego "JÁIRO", que significa regocijarse, estar alegre (Strong 5463). La Biblia declara que el gozo del Señor es nuestra fortaleza, ya que en ciertos momentos de nuestra vida enfrentaremos situaciones adversas como desiertos, desilusiones, enfermedades, fracasos, quiebras económicas y diversas pruebas (1 P. 1:6). El fruto del gozo nos permite atravesar todas estas situaciones sin perder el deleite, la alegría y el regocijo, incluso cuando las circunstancias adversas persisten, ya que nuestro estado de ánimo no depende de lo externo.

Este fruto es de suma importancia para nuestras vidas, por eso la Biblia nos habla de que al Señor Jesucristo se le presentó gozo antes de enfrentar la cruz y poder soportarla (Heb. 12:2). Parecería ilógico a la mente humana tener gozo y fortalecer a otros en medio de adversidades. Este ejemplo se observa en el apóstol Pablo, quien, a pesar de sus prisiones, se regocijaba e invitaba a los hermanos a regocijarse. Algunos ejemplos del impacto de este gozo son: estar gozosos a pesar de los enemigos (2 Cr. 20:27), en lugar de estar tristes (Jn 16:20), en lugar de llanto (Jer 31:13), en lugar de luto (Is. 61:3), en las tribulaciones (2 Co 7:4), en pruebas (2 Co. 8:2), en el padecimiento ministerial (Col. 1:24) y en el padecimiento por el evangelio (Hch 5:40-42).

PAZ (G1515 EIRENE): El significado de este fruto se define como paz, armonía y tranquilidad. En ciertos contextos, se considera bajo el concepto de Shalom en el Antiguo Testamento, es decir, bienestar, salud y libertad de preocupación (Diccionario Swanson). El deseo del Señor es que alcancemos la prosperidad integral (3 Jn. 1:2), pero para ello es importante tener paz en nuestra vida, que todos nuestros pensamientos y sentimientos estén en total armonía. La paz desempeña la función de un árbitro, gobernando y sancionando nuestras acciones, guiándonos en la toma de decisiones importantes y conciliando nuestros pensamientos. No significa que no enfrentaremos problemas, sino que en medio de ellos podremos tener paz, es decir, pensamientos en orden y una mente libre de preocupaciones. Esta paz protegerá nuestras mentes y corazones (Fil. 4:6-7).

Una de las enfermedades de este tiempo es el estrés, que va de la mano con la angustia, ocasionando enfermedades llamadas psicosomáticas. Estas tienen su origen en el alma, por lo que la Palabra nos indica que debemos perseguir la paz (Heb. 12:14) y, en la medida de lo posible, estar en paz con los demás (Ro. 12:18). La paz nos prepara para la santidad, ya que sin ella nadie verá al Señor, y a su vez, la santidad nos hace irreprensibles y sin mancha para que, cuando Él venga, nos encuentre en un estado de fructificación de paz (2 P. 3:14).

Paciencia (G3115 MAKROTHYMIA): El término paciencia proviene de la palabra griega MAKROTHYMIA, que significa resistencia, constancia, perseverancia y tolerancia. Se utiliza para indicar templanza o fortaleza de ánimo. El diccionario Barclay define la paciencia como un espíritu constante que nunca cederá, esa paciencia y fe que reciben la promesa (Heb. 6:12).

Este fruto no solamente implica esperar, sino también la virtud de seguir al Señor en medio de las dificultades. Es tener la capacidad de no renunciar ni retroceder ante cualquier adversidad en la vida, siendo formados en carácter. La Palabra nos dice que nosotros no somos de los que retroceden para perdición (Heb. 10:37-39), sino que esperamos con paciencia la venida del Señor (Stg. 5:7).

Benignidad (G5544 CHRÉSTOTES): La palabra griega CHRÉSTOTES significa excelencia moral en el sentido de conducta, amabilidad, gentileza, gallardía e integridad. También se deriva de la palabra CHRÉSTOS, que significa mejorar, perfeccionar, amable, con sencillez. Se utiliza para indicar docilidad (Strong 5543). Al tener en cuenta algunas versiones bíblicas, esta palabra se traduce como amabilidad (Biblia Peregrino), comprensión

(Biblia Castillian), afable (Biblia Jerusalén 1976, DRAE: afable. Adj. Agradable, dulce, suave en la conversación y el trato).

Podemos entender entonces que la benignidad es la faceta del fruto que se manifiesta en la vida de un creyente cuando demuestra su conducta, exteriorizando amabilidad, gentileza, comprensión y siendo afable y sencillo de corazón hacia el pueblo de Dios (Ef. 4:32), e incluso hacia los no creyentes (2 Ti. 2:24).

El que posee esta virtud no actúa con agresividad (Tit. 3:2). La benignidad denota docilidad para ser moldeado por el Señor, como el barro en las manos del alfarero (Jer. 18:1-6). Esta faceta solo puede ser dada a través del Espíritu Santo. El Señor nos da su máximo ejemplo, ya que es amable incluso con los ingratos y malos (Lc. 6:35

CAPITULO 10

Los Frutos del Espíritu Santo II

Gálatas 5:22-23 Mas el fruto del Espíritu es amor, gozo, paz, paciencia, benignidad, bondad, fe, mansedumbre, dominio propio; contra tales cosas no hay ley.

INTRODUCCIÓN: Tradicionalmente se ha enseñado que los frutos son nueve, descritos en Gálatas 5:22, pero es necesario tener en cuenta la palabra para notar que existen al menos tres frutos más, lo cual nos lleva al entendimiento de doce frutos.

DESARROLLO: El Nuevo Testamento fue escrito en el idioma griego, no en castellano, y al investigar un poco al respecto, encontramos en el libro de Efesios, capítulo 5:9, dos frutos más del Espíritu Santo. Veamos algunas traducciones de este versículo:

a. Efesios 5:9 (LBLA): "Porque el fruto de la luz consiste en toda bondad, justicia y verdad."
b. Efesios 5:9 (BLS): "Pues su Espíritu nos hace actuar con bondad, justicia y verdad."
c. Efesios 5:9 (KJV): "For the fruit of the Spirit is in all goodness and righteousness and truth."
d. Efesios 5:9 (RV1960): "Porque el fruto del Espíritu es en toda bondad, justicia y verdad."
f. Efesios 5:9 (RV 1960+): "Porque G1063 el G3588 fruto G2590 (KARPOS) del G3588 Espíritu G4151 es en G1722 toda G3956 bondad, G19 • G2532 justicia G1343 y G2532 verdad), G225"

En el original griego, no dice "el fruto de la luz", sino "el fruto del Espíritu", añadiendo en este versículo dos frutos más: Justicia y Verdad. Además, en Hebreos 13:15 (LBLA), vemos un fruto llamado "Fruto de labios que confiesan su nombre". Basados en estos versículos, sumamos entonces doce frutos del Espíritu Santo. Además, encontramos en el libro de Apocalipsis que el árbol de la Vida produce doce frutos (Ap. 22:2 RV 1960).

Tomando en cuenta que el Salmo 119:160 nos dice que la suma de la Palabra del Señor es verdad, podemos sumar los nueve frutos descritos en Gálatas 5:22, más los dos frutos descritos en Efesios 5:9, más el fruto descrito en Hebreos 13:15, y obtenemos doce frutos en total. Es sorprendente, ya que el número doce en la Escritura nos habla del gobierno de Dios, entendiendo que solamente bajo el gobierno del Espíritu Santo se puede fructificar, llegando a ser como un árbol de Vida que trae sanidad.

La palabra "fruto" viene de la palabra griega KARPOS (Strong G2590), que significa fruto (como arrancado), literal o figurativamente: resultar en beneficio, descendencia, fruto. La palabra griega en la que se basa es JARPAZO, que interesantemente tiene relación con el arrebatamiento (1 Ts. 4:17), enseñándonos que aquellos que serán arrebatados son los que dieron fruto, llegando a ser primicias del Señor. El diccionario Vine lo define como: el fruto es la expresión visible del poder que obra interna e invisiblemente, siendo el carácter del fruto evidencia del carácter del poder que lo produce.

Veamos entonces cuáles son las evidencias visibles (frutos) de una vida llena y bajo el gobierno del Espíritu Santo de Dios. En el tema anterior vimos los primeros seis, continuaremos con los seis restantes:

FE (G4102 PÍSTIS): La palabra fe se traduce del griego PÍSTIS, que quiere decir: firme persuasión, convicción basada en lo oído, confianza, seguridad, fe y fidelidad. El Diccionario Swanson describe la fe como: lo que se puede creer, un estado de certeza con relación a la fe, confiar, creer al punto de tener una total confianza, confiabilidad, voto de fidelidad. Por la fe creímos, aceptamos y fuimos justificados delante del Señor. Esa fue la fe que nos salvó. Pero la fe como fruto nos habla de no solo creer en Dios, no es solo lo que nosotros creemos, sino la forma en la que actuamos de acuerdo con lo que creemos. Esa fidelidad nos hace dignos de confianza. Es cuando nuestras actitudes permiten que los demás crean en nosotros y en la obra que Dios ha hecho en nuestra vida.

En Juan 2:23-24, nos dice que muchos, al ver las señales, creyeron en Jesús (tenían fe), pero Jesús no confiaba en ellos. A pesar de que eran creyentes, no eran confiables ni fieles. Cuando el apóstol Pablo da instrucciones a Timoteo, le dice que lo que ha aprendido se lo encargue a hombres fieles, dignos de confianza. En otras palabras, a hombres que tuvieran el fruto de la fe en su vida, los cuales serían aptos para enseñar a otros. (2 Ti. 2:2).

MANSEDUMBRE (G4236 PRAÓTES): Esta palabra significa mansedumbre y humildad. La mansedumbre es el fruto que dispone al alma a aceptar los tratos de Dios, por eso el mayor ejemplo de mansedumbre es nuestro Señor Jesucristo (Mt. 11:29). Esta palabra tiene su origen en varias palabras griegas (G4239 PRAUS), que nos explican un poco más acerca de su significado. Por ejemplo, nos dice que es la virtud del carácter que: es el secreto de la compostura, el hombre que nunca se aira a destiempo, como el señor Jesucristo que declara que es manso y humilde (Mt. 11:29), pero en su momento lo vemos entrando en el templo y volcando las mesas de los cambistas (Mt. 21:12-13). Mansedumbre es estar bajo un perfecto control.

Mansedumbre no es ser dócil ni carecer de ánimo, no es ser tierno de manera sentimental, no es ser pasivo en todo momento, sino saber reaccionar adecuadamente ante las circunstancias. Vemos una sombra y ejemplo en la vida de Moisés (Nm. 12:3) que era el hombre más "manso" de la tierra, pero ese Moisés era el mismo hombre que actuaba con decisión y se encendía en ira cuando era necesario. Tal carácter, ningún hombre puede conseguirlo por sí solo, solamente bajo la llenura del Espíritu Santo.

TEMPLANZA (G1466 ENKRÁTEIAL): Se deriva del griego ENKRÁTEIA (Strong G1466) y de KRATOS, que significa dominio propio. El Diccionario Thayer define templanza como la virtud de autocontrol que domina los propios deseos y pasiones, sobre todo los apetitos sensuales. El dominio propio es el fruto que nos permite no abusar, no llegar a los extremos, no descontrolarnos, con relación a lo que vemos, escuchamos, hablamos. Por ejemplo, la comida en sí no es buena ni mala, pero puede convertirse en mala cuando se consume en exceso, ocasionando daños a la salud. "Lo sensual" nos habla de nuestros sentidos, no solamente lo sexual, aunque lo incluye. "Las pasiones" son deseos muy fuertes que tiene el alma. Por ejemplo, vemos en la Biblia: las pasiones juveniles (2 Ti. 2:22), pasiones impías (Jd. 1:18), pasiones degradantes (Ro. 1:26).

El dominio propio es el control interno de las pasiones, lo cual se manifiesta en abstenerse de hacer o no hacer ciertas cosas, que resultarán en un beneficio propio. Por eso, Pablo decía que todo nos era lícito hacer, pero no todo era provechoso y no todo edificaba (1 Co. 10:23). Además, recomendaba que fuéramos templados, como convenía, y dejáramos de pecar (1 Co. 15:34). El apóstol Pablo dice que todo el que compite, se abstiene (templanza, dominio propio) de todo, para recibir una corona corruptible (1 Co. 9:25). Sin embargo, nosotros debemos manifestar dominio propio, pues recibiremos una corona incorruptible que Dios nos ha reservado. La templanza es el control de uno mismo al ser equilibrado.

JUSTICIA (G1343 DIKAIOSÚNE): La palabra justicia que vemos en Efesios 5:9 significa el carácter o cualidad de ser recto o justo (Dicc. VINE). La mayoría de los cristianos cree que la justicia solamente se basa en aquella que viene de la justificación que es por el sacrificio de Cristo. Y realmente, si no tuviéramos esta justificación (ser tenidos por inocentes), no seríamos nada (Ro. 5:1-2). Sin embargo, debemos avanzar hasta encontrar la plenitud de la justicia en nosotros, la cual es ser ya justificados en el hombre interior, es avanzar a ser revestidos de justicia con lino fino, que son las obras justas de los Santos (Ap. 19:8).

Es necesario comprender que el Señor es el que nos da justicia a través del sacrificio de su hijo. Pero la justicia alcanza su plenitud (Mat 3:15) en nosotros cuando la practicamos, ya que eso es lo que nos demanda el Señor (Miq 6:8). Es hacer lo correcto en el momento preciso, pero no de acuerdo con el pensamiento humano, sino de acuerdo con el pensamiento del Señor (Mt. 6:1). Los fariseos tenían su propia justicia, pero el Señor nos demanda que nosotros superemos la justicia de los fariseos para poder entrar en el reino (Mt. 5:20). Por esa razón, Pablo dice que él no quiere ser hallado en su propia justicia (Fil. 3:9).

La Escritura nos enseña lo que es justicia delante de Dios: defender al huérfano y abogar por la viuda (Is. 1:17), repartir a los pobres (Sal. 112:9), tener misericordia con los pobres (Dn. 4:27), creer en el Señor en todo momento (Gn. 15:6), no dar dinero a usura (Dt. 24:12-13), ser leal (1 Sa. 26:23), levantarse en contra de la plaga (Sal. 106:30-31), temer al Señor y deleitarse en sus mandamientos (Sal. 112:1-3), ser equitativo en todo juicio (Lev. 19:15 LBLA). El fruto de la justicia nos permitirá que nuestras actitudes sean correctas en nuestro trato hacia los demás, incluso a veces en contra del pensamiento lógico.

VERDAD (G225 ALÉTHEIA): La palabra "verdad" (Ef. 5:9) se deriva del griego "alétheia", que se traduce como veraz, verdadero o verdad. Veraz significa decir, usar o profesar siempre la verdad (DRAE). Estamos hablando del fruto que nos permite no solo decir la verdad, sino vivir de acuerdo con lo que decimos, para que nuestro actuar corresponda con lo que profesamos. Una evidencia de esta faceta del fruto del Espíritu en una persona es que es sincera, íntegra en su carácter, sin ningún doblez (Mt. 5:37). Habla y actúa con verdad sin importar las consecuencias (Sal. 15:1-4, 24:3-4).

En cierta ocasión, dos hombres se presentaron como testigos falsos al declarar lo que Jesús había dicho, aunque dijeron algo verdadero, su forma de vida los identificaba como falsos (Mt. 26:60-61). En otra ocasión, Pablo desenmascaró a alguien que decía la verdad, pero que no vivía en la verdad (Hch. 16:16-18).

Este fruto nos permitirá vivir y practicar la verdad, asegurando que nuestras actitudes correspondan a nuestras palabras. Labios que confiesan su nombre (He. 13:15 LBLA). Por tanto, ofrezcamos continuamente mediante Él sacrificio de alabanza a Dios, es decir, el fruto de labios que confiesan su nombre. La palabra "labios" se refiere al órgano del habla (Mt. 15:8, Mr. 7:6) y específicamente al acto de honrar a Dios.

La Biblia compara la alabanza con el fruto de labios que confiesan su nombre. Debemos notar que es una actitud continua, no solo en tiempos de bienestar o alegría. Confesar su nombre se refiere a reconocer su autoridad en todo momento, independientemente de la situación que estemos atravesando. Podemos alabar al Señor y reconocer que Él está en control total de nuestras vidas. Vemos a Job bendiciendo el nombre del Señor en el momento de su pérdida (Job 1:21). Esta alabanza fue un reconocimiento de la autoridad, majestad, poder y excelencia de Dios.

Al ser llenos del Espíritu, tendremos la capacidad de alabar al Señor en todo momento, creyendo en su nombre y reconociendo su soberanía y autoridad sobre nuestras vidas.

Es sumamente importante que permitamos que la obra del Espíritu Santo en nuestras vidas se complete. Los dones y los frutos deben ir de la mano: los dones para el bien común y los frutos para nuestro propio bienestar. Un cristiano que tiene dones ciertamente bendecirá a muchos, pero si no tiene los frutos del Espíritu Santo en su vida personal, no alcanzará la plenitud.

Cuando vemos en la Escritura cómo se describe a Saúl, dice: "Tenía un hijo que se llamaba Saúl, joven y bien parecido. No había otro más bien parecido que él entre los hijos de Israel; de los hombros arriba sobrepasaba a cualquiera del pueblo" (1 Samuel 9:2 LBLA).

Ahora veamos cómo se describe a David:

1 Samuel 16:17 LBLA: "Entonces Saúl dijo a sus siervos: 'Buscadme ahora un hombre que toque bien y traédmelo'."

1 Samuel 16:18 LBLA: "Y respondió uno de los jóvenes y dijo: 'He aquí, he visto a un hijo de Isaí, el de Belén, que sabe tocar, es poderoso y valiente, un hombre de guerra, prudente en su hablar, hombre bien parecido y el SEÑOR está con él'."

Si notamos la diferencia entre Saúl y David, Saúl solo menciona lo externo, lo que los demás ven, es una sombra de los dones, lo que los demás perciben en nosotros. Pero cuando se habla de David, se describe no solo lo externo, sino también su carácter y los frutos que poseía, lo interno. Anhelemos y esforcémonos con todas nuestras fuerzas por vivir una vida bajo el gobierno y la plenitud constante del Espíritu Santo, para que podamos dar fruto, el cual será reconocido en el momento del arrebatamiento de la Novia del Señor Jesucristo.

CAPITULO 11

Los Dones del Espíritu Santo I

1 Corintios 12:1 En cuanto a los dones espirituales, no quiero, hermanos, que seáis ignorantes.

INTRODUCCIÓN: Después de resucitar, el Señor Jesucristo comenzó a dar instrucciones a sus discípulos a través del Espíritu Santo. Les ordenó que no salieran de Jerusalén hasta recibir la promesa del Padre, la cual les daría poder de parte de Dios para ser testigos hasta los confines de la tierra (Hechos 1:1-8). Esta promesa se cumpliría al ser bautizados con el Espíritu Santo, y en ella se incluye el beneficio de los dones del Espíritu (1 Corintios 12:4). El Espíritu Santo, morando con nosotros y en nosotros, lleva a cabo una obra de edificación en nuestras vidas a través de los dones (Hechos 2:1-4), y estos dones son dados a la Iglesia para su crecimiento y edificación, con el propósito de llegar a ser hijos maduros (Efesios 4:12-13; 1 Corintios 12:4; Hebreos 5:14; 1 Corintios 14:20; 1 Pedro 4:10).

DESARROLLO: La palabra "don" proviene del término griego "charisma", que en su sentido más amplio significa regalo, pero también implica un favor que se recibe sin tener mérito propio (Strong 5486), es decir, un regalo de gracia divina. Esto fue algo que Simón el Mago desconocía (Hechos 8:9-24), ya que, al presenciar el poder del Espíritu Santo, se atrevió a ofrecer dinero a cambio del don de Dios.

Los dones del Espíritu Santo son capacidades o habilidades especiales y sobrenaturales que recibimos al ser bautizados en el Espíritu Santo. La palabra "carisma" está relacionada con el término griego "charis", que significa gracia o favor (Strong 5485). Esta gracia nos permite ejercer los dones en nuestra vida, fortaleciendo nuestra fe cristiana. Estos dones son otorgados por Dios a través de su Espíritu Santo y no son para uso personal o individual, sino para el bien común y el beneficio de los demás (1 Corintios 12:7). Se manifiestan por la operación del Espíritu Santo y la unción divina en momentos específicos.

Los dones del Espíritu Santo deben ser anhelados por toda la iglesia, ya que a través de ellos la novia del Cordero se adornará. El apóstol Pablo escribió en su primera carta a los Corintios, en los capítulos 12, 13 y 14, acerca de los dones del Espíritu Santo, exhortándonos a no ignorar acerca de ellos. Veamos una primera parte de estos dones espirituales.

1 Corintios 12:7: "Pero a cada uno se le da la manifestación del Espíritu para el bien común."

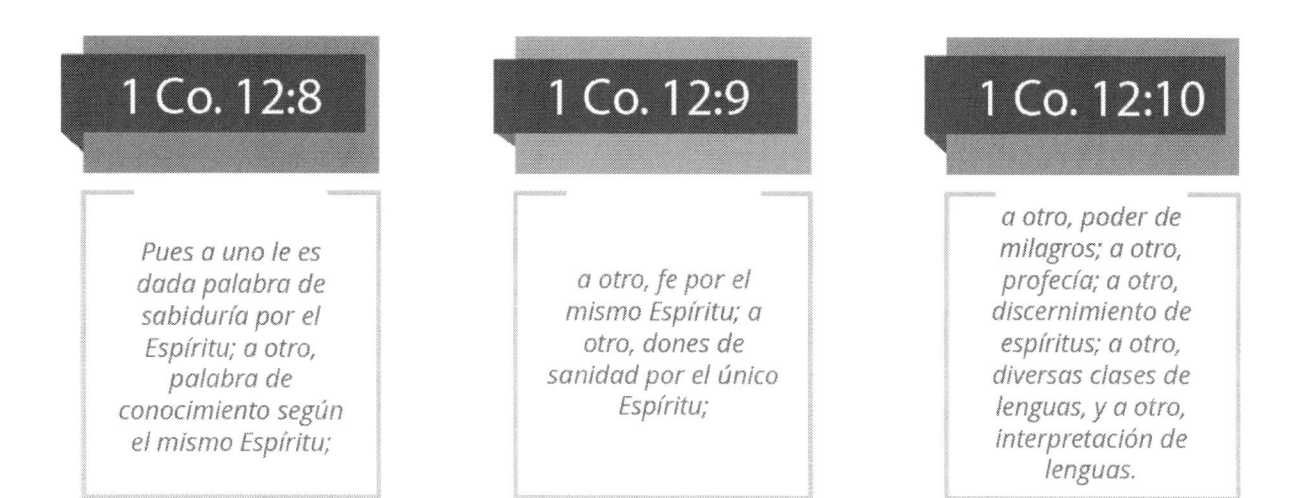

1 Co. 12:8
Pues a uno le es dada palabra de sabiduría por el Espíritu; a otro, palabra de conocimiento según el mismo Espíritu;

1 Co. 12:9
a otro, fe por el mismo Espíritu; a otro, dones de sanidad por el único Espíritu;

1 Co. 12:10
a otro, poder de milagros; a otro, profecía; a otro, discernimiento de espíritus; a otro, diversas clases de lenguas, y a otro, interpretación de lenguas.

Vemos nueve dones espirituales descritos en esta porción de las Escrituras. Para facilitar su entendimiento y clasificarlos según su ámbito o manifestación de poder, podemos organizarlos de la siguiente manera:

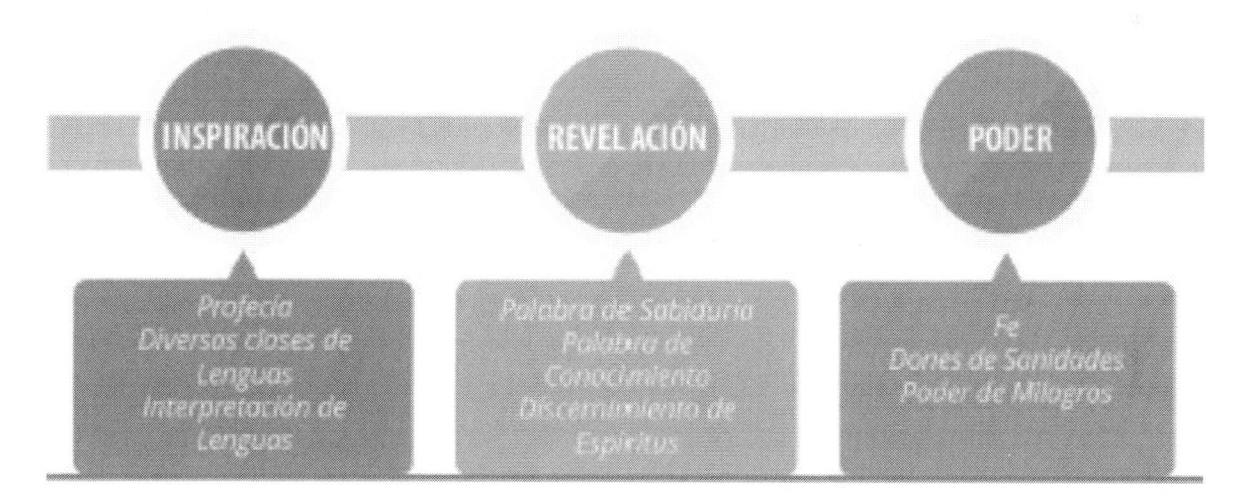

INSPIRACIÓN
- Profecía
- Diversas clases de Lenguas
- Interpretación de Lenguas

REVELACIÓN
- Palabra de Sabiduría
- Palabra de Conocimiento
- Discernimiento de Espíritus

PODER
- Fe
- Dones de Sanidades
- Poder de Milagros

EL DON DE PROFECÍA (1 Co. 12:10): La profecía consiste en un mensaje de parte de Dios para la Iglesia o para alguna persona individual. Es la declaración de aquello que no puede ser conocido naturalmente, ya sea referente al pasado, al presente o al futuro. La profecía no siempre se manifiesta después de la manifestación de diversas clases de lenguas espirituales. La profecía es inspirada por el Espíritu Santo (2 P. 1:21) y no es un mensaje producto de la mente humana, los sentimientos o los deseos de una persona hacia otra. Por tanto, las profecías deben ser discernidas para evitar transmitir mensajes que no provienen de Dios (1 Co. 14:29). La manifestación de este don tiene el propósito de edificar, exhortar y consolar (1 Co. 14:3).

DIVERSAS CLASES DE LENGUAS (1 Co. 12:10): La Escritura nos indica que este don es para fortalecer y edificar nuestro espíritu (1 Co. 14:2, 14:4). No se habla dando un mensaje hacia los hombres, sino que se habla misterios en el espíritu. Estas lenguas pueden ser diversas: lenguas humanas, como en el caso de Pentecostés

(Hch. 2:4-6), hablando de manera sobrenatural un idioma que jamás se ha aprendido; o bien lenguas angelicales (1 Co. 13:1). La Biblia nos dice que el que tenga este don ore al Señor para recibir la interpretación de estas lenguas y así poder edificar, no solo de manera personal sino también a la iglesia (1 Co. 14:13-14).

INTERPRETACIÓN DE LENGUAS (1 Co. 12:10): El don de interpretación de lenguas es el complemento del don de diversas clases de lenguas, ya que interpreta el mensaje que el Señor envió mediante el género de lenguas. Por esta razón, el apóstol Pablo indica que si alguien tiene lenguas y no sabe interpretarlas, debe ceder el lugar al hermano que tiene profecía (1 Co. 14:27-28). Debemos entender que la interpretación no es una traducción literal, sino una comprensión e interpretación del mensaje.

PALABRA DE SABIDURÍA (1 Co. 12:8): Es una sabiduría dada por el Espíritu Santo en momentos determinados. No estamos hablando de la sabiduría de este mundo, sino de la sabiduría de Dios. La sabiduría es la aplicación del conocimiento, y este don nos ayuda no solo en lo espiritual, sino también en el ámbito secular, trayendo sobre nuestra vida ideas y proyectos de manera sobrenatural.

PALABRA DE CONOCIMIENTO (1 Co. 12:8): Es un don por medio del cual el Espíritu Santo trae conocimiento de situaciones que están ocultas a los ojos naturales, ya sean pasadas o presentes. Esto cumple la palabra que nos dice que nada está oculto delante del Señor. Sin embargo, este don no tiene el propósito de avergonzar a alguien, sino de purificación y restauración. Un ejemplo bíblico de este don se encuentra en el caso de Ananías y Safira (Hch. 5:1-11), quienes ocultaron la verdad ante el apóstol Pedro, pero fue mediante el don de conocimiento que el Señor reveló a Pedro lo que estaba sucediendo.

DISCERNIMIENTO DE ESPÍRITUS (1 Co. 12:10): Es la capacidad otorgada por el Espíritu Santo para distinguir y diferenciar en el mundo espiritual las situaciones que son de Dios y las que son del enemigo. No se trata de sentido común, sino de discernir los diferentes ambientes espirituales. Este don es muy importante, ya que es una herramienta para luchar contra nuestro adversario. Se le ha catalogado como un don de revelación y es vital para evitar que alguien sea engañado o influenciado por cualquier espíritu. En cierta ocasión, el apóstol Pablo, al llegar a Filipos, reprendió a un espíritu de adivinación que seguía a una mujer, ya que estaba interfiriendo con la obra del Señor (Hch. 16:16-18).

DON DE FE (1 Co. 12:9): Todos tenemos una medida de fe, pero cuando hablamos de este don, nos referimos a una fe sobrenatural, una convicción y confianza que va más allá de lo normal. El don de fe se manifiesta en un creyente en un momento específico, trayendo la convicción de que algo va a suceder. Es una dotación sobrenatural para poder creer. Por ejemplo, la mujer enferma de flujo que creyó que al tocar el manto del Señor sería sanada (Mt. 9:20-22), o el centurión que creyó en el poder de Jesús (Lc. 7:2-9).

DON DE SANIDAD (1 Co. 12:9): Esta palabra "sanidades" proviene del griego "IAMA" (G2386) que significa curar, sanar, sanidad. Es un beneficio del siglo venidero que se manifiesta en este siglo por medio de la unción del Espíritu Santo. Su propósito es dar salud física y espiritual. Por eso, el apóstol Juan dice en 3 Juan 1:2: "Amado, ruego que seas prosperado en todo, así como prospera tu alma, y que tengas buena salud." Dios desea que le sirvamos en buena salud, comenzando por el alma, y que se manifieste también en el cuerpo. En la Biblia podemos encontrar ejemplos de este don en Mateo 15:30, Hechos 3:6-7 y Hechos 28:8.

DON DE MILAGROS (1 Co. 12:10): La palabra "milagros" proviene del griego "DÚNAMIS" (G1411), que significa fuerza, poder milagroso, eficacia, maravilla, capacidad, entre otros. Un milagro es un suceso inexplicable por las leyes naturales y que se atribuye a la intervención sobrenatural de origen divino. Este don se manifiesta en situaciones que van en contra de las leyes físicas y de la naturaleza, alterando el curso natural de los acontecimientos. Algunos ejemplos de este don se encuentran en la transformación del agua en vino (Jn. 2:7-9), Jesús caminando sobre el mar (Mt. 14:25-27) y la resurrección de Lázaro (Jn. 11:43-44).

El Señor declaró que era necesario que Él se fuera para que viniera el Consolador (Jn 16:7), quien es el Espíritu Santo. Él habita en nuestro interior y nos otorga estos dones para ser instrumentos en las manos del Señor y edificar la iglesia de Jesucristo. Espero que esta corrección sea de ayuda y refleje con precisión el contenido doctrinal del material.

CAPITULO 12

Los Dones del Espíritu Santo II

1 Corintios 12:1 En cuanto a los dones espirituales, no quiero, hermanos, que seáis ignorantes.

INTRODUCCIÓN: En la primera epístola del apóstol Pablo a los Corintios, encontramos instrucciones acerca de lo espiritual que son de suma importancia. Parte crucial de esta enseñanza son los dones del Espíritu Santo. Es fundamental recordar que el Señor viene por una iglesia perfecta, y para ese propósito, Dios ha provisto todo lo necesario para su perfeccionamiento. Un ejemplo de esto se encuentra en la iglesia de Galacia, que comenzó siendo perfeccionada por el Espíritu, pero luego se desvió hacia lo terrenal y humanista (Gá. 3:1-3). Esto demuestra que al abandonar lo espiritual, también abandonaron el proceso de perfeccionamiento a través de los cinco ministerios y los dones del Espíritu Santo. Por lo tanto, no podemos ignorar al Espíritu Santo y su manifestación en nuestras vidas.

DESARROLLO: El camino del justo es un proceso de evolución (Pr. 4:18). El Señor envía su revelación con el objetivo de salvar a su pueblo, y para ello ha dado los dones del Espíritu Santo como herramientas espirituales para nuestra edificación, restauración y perfección. Tradicionalmente se ha enseñado que hay nueve dones del Espíritu, pero al analizar las Escrituras, podemos encontrar al menos dieciocho dones. También se ha enseñado que existen otros dones que no son necesariamente espirituales, sino más bien administrativos u operativos, los cuales son de ayuda para la iglesia, pero no son una habilitación del Espíritu Santo. En este estudio veremos que todos los dones son dados por el Espíritu y que los llamados dones de ayuda tienen el mismo nivel espiritual que los nueve dones tradicionales.

La Biblia enfatiza la importancia de conocer el mundo espiritual. Al analizar diferentes versiones de la primera carta a los Corintios, cuando se habla de los dones espirituales, podemos notar algunas variaciones que amplían nuestro entendimiento. Por ejemplo, en las siguientes versiones:

1Co 12:1 LBLA: "En cuanto a los dones espirituales, no quiero, hermanos, que seáis ignorantes."
1Co 12:1 Versión Jünemann: "Y acerca de lo espiritual, hermanos, no quiero que ignoréis."
1Co 12:1 Textual: "Pero ahora, hermanos, no quiero que ignoréis acerca de los asuntos espirituales."
1Co 12:1 KJV+: "Now concerning spiritual gifts, brethren, I would not have you ignorant."

Si observamos las diferencias en las traducciones y en el griego original, notaremos que la palabra "dones" no aparece en el versículo 1. Es recién en el versículo 4 donde encontramos la palabra "don", que tiene su raíz en el griego "CARISMA" (G5486), que significa dádiva (divina), liberación, concesión, facultad milagrosa, don. Esto nos indica que los dones son completamente espirituales y están destinados a la edificación de la iglesia. Tradicionalmente, a este grupo de dones se les ha llamado "dones de ayuda", como si implicaran que no se necesita una habilitación del Espíritu Santo para obtenerlos, lo cual degrada su categoría. Sin embargo, según la Palabra, el carisma (don) es espiritual, por lo tanto, estos dones de Romanos 12 y 1 Corintios 7:7-9 están al mismo nivel y son igualmente espirituales que los dones de 1 Corintios 12. Por eso no debemos ignorarlos, ya que sin ellos la iglesia no puede ser edificada.

No se trata de una nueva revelación doctrinal, sino de una mayor comprensión de la misma revelación doctrinal. Entendemos así que los dones espirituales no se limitan a nueve, sino que son dieciocho, y Dios ha provisto estas herramientas para combatir y anular en nosotros el carácter del anticristo. Sorprendentemente, en 2 Timoteo 3:1-5 encontramos 18 características de los hombres en los últimos tiempos.

Veamos entonces cuales son esos 18 DONES (CARISMAS) del Espíritu Santo:

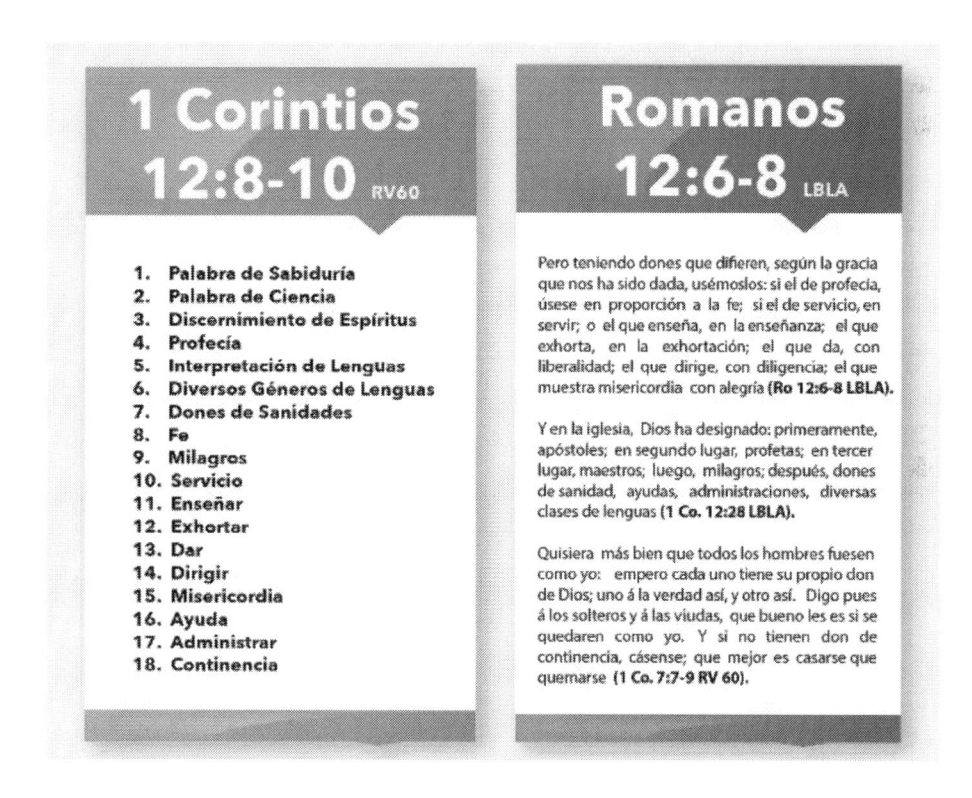

1 Corintios 12:8-10 RV60

1. Palabra de Sabiduría
2. Palabra de Ciencia
3. Discernimiento de Espíritus
4. Profecía
5. Interpretación de Lenguas
6. Diversos Géneros de Lenguas
7. Dones de Sanidades
8. Fe
9. Milagros
10. Servicio
11. Enseñar
12. Exhortar
13. Dar
14. Dirigir
15. Misericordia
16. Ayuda
17. Administrar
18. Continencia

Romanos 12:6-8 LBLA

Pero teniendo dones que difieren, según la gracia que nos ha sido dada, usémoslos: si el de profecía, úsese en proporción a la fe; si el de servicio, en servir; o el que enseña, en la enseñanza; el que exhorta, en la exhortación; el que da, con liberalidad; el que dirige, con diligencia; el que muestra misericordia con alegría **(Ro 12:6-8 LBLA)**.

Y en la iglesia, Dios ha designado: primeramente, apóstoles; en segundo lugar, profetas; en tercer lugar, maestros; luego, milagros; después, dones de sanidad, ayudas, administraciones, diversas clases de lenguas **(1 Co. 12:28 LBLA)**.

Quisiera más bien que todos los hombres fuesen como yo: empero cada uno tiene su propio don de Dios; uno á la verdad así, y otro así. Digo pues á los solteros y á las viudas, que bueno les es si se quedaran como yo. Y si no tienen don de continencia, cásense; que mejor es casarse que quemarse **(1 Co. 7:7-9 RV 60)**.

Trataremos en este estudio de introducir enseñanza acerca de estos nueve dones restantes, que son tan importantes y que no podemos ignorar.

EL DON DE SERVICIO (Ro. 12:7 RV 1960): La palabra que se utiliza en este verso es "diakonia" (G1248), que significa servicio, ayuda, servir, socorro, ministerio, ministración, distribución. El don de servicio nos capacita para servir de acuerdo al corazón de Dios. Es importante entender que algunos pueden tener un privilegio, pero no necesariamente el don de servir, y viceversa. Cuando recibimos este don, servimos sin esperar nada a cambio y estamos siempre dispuestos.

EL DON DE ENSEÑANZA (Ro. 12:7 RV 1960): O si de servicio, en servir; o el que enseña, en la enseñanza (didaskos). La palabra "didaskos" se utiliza para referirse a enseñar. Este don es necesario en las congregaciones para que el pueblo de Dios salga de la ignorancia y la cautividad. Se manifiesta en aquellos que trasladan la doctrina apostólica. Es importante distinguir entre aquellos que tienen el don de enseñar y aquellos que tienen el oficio de maestro de la Palabra. El don de enseñanza puede ser manifestado por personas que no están autorizadas para enseñar, lo cual puede tener consecuencias negativas para la iglesia.

EL DON DE EXHORTAR (Ro. 12:8 RV 1960): El que exhorta, en la exhortación (parakaleo). Exhortar implica incitar a alguien con palabras, razones y ruegos a que haga o deje de hacer algo. No necesariamente es un regaño, sino más bien un llamado al ánimo. El don de exhortar se manifiesta en diferentes formas, como consolar, suplicar, animar, amonestar y confortar. Necesitamos personas en la iglesia que se levanten para consolar a los desconsolados e invitar a los alejados.

EL DON DE REPARTIR O DAR (Ro. 12:8 RV 1960): Este don es una dádiva, una concesión o facultad milagrosa otorgada por Dios a un cristiano para que este tenga una capacidad mayor que la de cualquier hermano para dar o repartir con liberalidad. Según el Diccionario Strong, proviene de una raíz griega (G3330) que se traduce como METADÍDOMI, que significa entregar, compartir, comunicar, dar, repartir. Este don nos habilitará para poder dar con un corazón grato al Señor. Esta palabra aparece solamente cinco veces en la escritura, enseñándonos el don en función (Lc. 3:11, Ro. 1:11, Ro. 12:8, Ef. 4:28, 1 Ts 2:8). Esta habilitación nos hará capaces de:
   a) Dar de lo que se tiene, no de lo que sobra (Lc. 3:11, Lc. 21:4, 2 Co. 8:9).
   b) Tener el deseo y anhelo por dar (Ro. 1:11).
   c) Dar pensando en los demás (Ef. 4:28, Sal 41:1).
   d) Estar dispuestos a dar incluso nuestra propia vida (1 Ts. 2:8, Flp. 2:6-8).
   e) Dar a pesar de la necesidad (2 Co. 8:2, 1 R. 17:12-13).

En el antiguo tiempo, el dar era un mandamiento (Dt. 15:12-15), pero cuando viene el don, el dar se vuelve espontáneo y una necesidad motivada por el amor, sin esperar nada a cambio.

EL DON DE DIRIGIR (Ro. 12:8): El que dirige, con diligencia (proistemi). Este don se refiere a la capacidad de liderazgo y presidencia. Aquellos que tienen este don están capacitados para ocupar puestos de autoridad y dirigir a otros. Es indispensable en aquellos que tienen responsabilidades de liderazgo en la iglesia, como diáconos y ancianos.

EL DON DE MISERICORDIA (Ro. 12:8): El que muestra misericordia, con alegría (eleos). Este don se refiere a la capacidad de mostrar amor constante hacia los necesitados. Implica actos de ayuda hacia los afligidos, enfermos y menesterosos. Algunos ejemplos bíblicos de este don son la parábola de los dos deudores, el buen samaritano y el hijo pródigo.

EL DON DE AYUDA (1Co. 12:28 LBLA): Y en la iglesia, Dios ha designado: Primeramente, apóstoles; en segundo lugar, profetas; en tercer lugar, maestros; luego, milagros; después, dones (carismas) de sanidad, ayudas, administraciones, diversas clases de lenguas. Este don se refiere a aquellos que prestan ayuda a la iglesia del Señor Jesucristo en diferentes áreas. Puede manifestarse a través de ayudas ministeriales, apostólicas o delegaciones de autoridad. Es necesario ser ayuda incondicionalmente. Algunos ejemplos bíblicos de personas con este don son la casa de Estéfanas, Aquila y Priscila, y los hermanos que atendían las mesas en la iglesia primitiva.

EL DON DE ADMINISTRACIÓN O GOBERNAR (1 Co. 12:28 LBLA): En la iglesia, Dios ha designado primeramente apóstoles, en segundo lugar, profetas, en tercer lugar, maestros, luego milagros, después dones (carismas) de sanidad, ayudas, administraciones y diversas clases de lenguas.

En el idioma griego existen varias palabras que definen el acto de gobernar relacionado también con administrar. Una de ellas es KUBERNESIS (Strong G2941), que se utiliza para referirse al piloto de una nave o barco, quien conoce el rumbo que debe tomar la nave. Este don es vital para dirigir, administrar y tomar decisiones dentro de la iglesia.

EL DON DE CONTINENCIA (1 Co 7:7-9 RV 1960): La palabra continencia en griego es ENKRATEÚOMAI (G1467), que significa ejercer dominio propio en dieta y castidad. Está relacionada con G1468 ENKRATÉS, que implica ser fuerte en una cosa, tener control sobre uno mismo. Este don no solo se refiere a la decisión de no casarse, sino a la capacidad de estar en control de uno mismo. Es interesante mencionar que esta palabra se utiliza en 1 Corintios 9:25 en sentido figurado, refiriéndose al rígido autocontrol practicado por los atletas para conseguir el premio.

Daniel nos muestra cómo él pidió un don para no contaminarse con la comida ni el vino del rey de Babilonia (ver Dn. 1:8). Espiritualmente, vemos que el vino de Babilonia representa la fornicación (ver Ap. 18:2-3 RVA). Podemos deducir que a Daniel se le concedió el don para no caer en inmoralidades sexuales y desviaciones, permitiéndole así servir a Dios en Babilonia.

El Espíritu Santo es quien otorga los dones por misericordia, no por méritos o esfuerzos humanos. Son dados para restaurarnos, equiparnos y perfeccionarnos, para que alcancemos la madurez que el Señor desea encontrar en nosotros.

Dios suple las necesidades de su pueblo a través de la diversidad de dones que concede mediante su Espíritu. Debemos sentirnos agradecidos por ser utilizados por Dios en cualquier área de servicio, sabiendo que estos dones deben ser utilizados para la edificación del cuerpo de Cristo y no con fines personales.

Si no tenemos algún don espiritual o no está activado, podemos acercarnos confiadamente para pedirlo (Mt. 7:11). Sin embargo, debemos recordar que los dones que recibimos deben ser utilizados para edificar el cuerpo de Cristo y no con fines personales.

Made in the USA
Columbia, SC
29 June 2024